Jörg D. Wittke

Forever Living Millionär

Moneylive Medienverlag e. K.
www.moneylive.de
info@moneylive.de

Hinweis an die Leser:

Diesem Buch liegt die neue Rechtschreibung (Duden, 21. Auflage) zugrunde. Alle Rechenbeispiele, Informationen, Anregungen und Tipps in diesem Buch basieren auf den Erkenntnissen sowie der Gesetzeslage zum Zeitpunkt der Drucklegung und wurden mit der größtmöglichen Sorgfalt zusammengestellt. Dabei wurde darauf geachtet, dass die gewählten Beispiele allgemein übertragbar sind. Trotz aller Sorgfalt sind Fehler jedoch nicht ganz auszuschließen. Weil sich in Einzelfällen und durch Änderungen von Gesetzen und Vorschriften eventuell andere Umstände ergeben können, ist jedoch eine Haftung von Verlag und Autor für Vermögensschäden aus der Anwendung der hier erteilten Ratschläge ausgeschlossen. Auch können Autor und Verlag weder eine Garantie noch irgendeine Haftung für Personen-, Sach- oder Vermögensschäden, die auf fehlerhafte Angaben im Buch zurückzuführen sind, übernehmen.

Die UrheberInnen der im Buch enthaltenen Sprüche, Zitate und Aphorismen sind genannt. Fehlen sie, dann waren sie nicht eindeutig feststellbar. Das gilt auch für Spruchweisheiten aus dem Volksmund und für Neuformulierungen alter oder zu langer Sprüche.

Umschlaggestaltung: Detlef Krause, Oldenburg
Printed in Germany
ISBN 3-934784-12-7

Inhaltsverzeichnis

Lieber Bernhard,

Einen Riesenerfolg mit AVA-TV wünscht Dir herzlichst

„Nicht weil die Dinge schwierig sind, wagen wir sie nicht, sondern weil wir sie nicht wagen, sind sie schwierig."

Lucius A. Seneca (65 n. Chr.)
Römischer Staatsmann und Philosoph

„Nichts macht das Leben ärmer, als anfangen und abbrechen."

Christian Morgenstern

Vorwort

Hand aufs Herz, was haben Sie spontan gedacht, als Sie den Titel dieses Buches gelesen haben? Schon wieder so ein Buch, das Ihnen sagen will, wie Sie reich werden können? Oder erkennen Sie in dem Titel eine Chance, Millionär zu werden? Sowie Sie Rezepte suchen, die Ihnen ohne viel Arbeit Reichtum und Wohlstand versprechen, muss ich Sie enttäuschen. So etwas gibt es nur in billigen Kitschromanen. Es gibt keine Patentrezepte zum automatischen Wohlstand und Reichtum. Es gibt nur Regeln. Wenn Sie sich daran halten, werden Sie Ihre Ziele erreichen. Vorausgesetzt, Sie wollen Ihren Erfolg wirklich. Ich kenne hunderte von Menschen, die wollen erfolgreich werden, nicht aber erfolgreich sein. Erkennen Sie diesen Unterschied? Wer etwas werden will, wird es nie werden. Wenn Sie immer nur etwas werden wollen, werden Sie Ihr gesamtes Leben damit verbringen, etwas zu werden und nie etwas zu sein. Sie verhalten sich so wie ein Esel, dem man eine Möhre vor die Nase hält. Der Esel versucht nun beständig, diese Möhre zu erreichen. Dabei merkt er gar nicht, wie er ausgenutzt wird, indem er lange Strecken läuft und gleichzeitig einen schweren Karren zieht. Ob Sie es glauben oder nicht, aber in vielen Unternehmen geht es ähnlich zu. Da ist von großen Zielen die Rede, und am Ende werden alle Mitarbeiter sprichwörtlich vor den Karren gespannt, um dieses große Ziel zu erreichen. Die Frage stellt sich nur, wer am Ende davon am meisten profitiert. Die Angestellten oder eher deren Vorgesetzte. Wenn Sie sich die Unternehmenskultur in Deutschland anschauen, können Sie sich diese Frage selbst beantworten. Dennoch haben Sie die Chance, ungeachtet einer solchen Entwicklung Ihren eigenen Weg zur finanziellen Freiheit zu gehen. Sie müssen sich nur entscheiden, ob Sie Millionär werden möchten oder sein wollen. Die Entscheidung liegt bei Ihnen. So wie Sie davon überzeugt sind, eines

Tages Ihre finanzielle Unabhängigkeit zu erreichen, werden Sie diese auch erreichen, vorausgesetzt, Sie tun etwas dafür. Noch nie ist jemand reich geworden, der sich zu Hause vor den Kamin gesetzt und auf den Geldsegen gewartet hat. Zu Hause sitzen oder auch die Zeit vor dem Fernseher zu verbringen, ist mit Abstand der schlechteste Umgang mit der Zeit. Nirgendwo mehr ist der Mensch so unproduktiv wie vor dem Fernseher. Das wissen natürlich auch die Sender und lassen daher nichts unversucht, die Zuschauer mit immer verrückteren Shows vor den Fernseher zu binden. „Holt mich raus, ich bin ein Star" oder „Deutschland sucht den Superstar" sind nur einige der Shows, die aus meiner Sicht keinen echten Nutzen für die Zuschauer haben. Oder profitieren Sie persönlich davon, wenn Costa Cordalis oder Elli einen Wettbewerb gewinnen? Wohl kaum. Aber es kommt eigentlich ja noch schlimmer. Durch die Massenhysterie und Medienschlacht fühlt sich ein Großteil der Zuschauer verpflichtet, telefonisch seine Stimme abzugeben, natürlich gegen hohe Telefongebühren. Der Sender sagt danke und freut sich über weitere Gewinne. Leider merken die Zuschauer kaum, dass sie wie der Esel vor den Karren gespannt werden, um die Quote zu erhöhen. Davon profitiert nicht der Zuschauer, sondern eine Minderheit, nämlich die Fernsehsender, die aufgrund der hohen Zuschauerquoten noch mehr Werbung verkaufen. Der erste Weg zur Veränderung führt im Leben immer über die Erkenntnis. Wer erkennt, dass ich mit diesen meinen Ausführungen recht habe, was angesichts der vielen Beispiele kein Problem sein dürfte, hat nun die Möglichkeit, etwas zu verändern, indem er seine Zeit wesentlich sinnvoller investiert. Was natürlich nicht einhergeht mit totalem Fernsehverzicht. Niemand hat ein Interesse, jemanden um die Freude im Leben zu bringen. Ganz im Gegenteil. Wir sind hier auf Erden, um glücklich und zufrieden zu leben. Das Leben ist aus meiner Sicht viel zu kurz, um unbedeutend zu sein.

Wer im Leben etwas erreichen will, muss zunächst einiges investieren. Von nichts kommt bekanntlich nichts. Kein normal denkender Mensch würde sich vor den Kamin setzen und ihn auffordern, Wärme zu spenden, ohne Holz anzuzünden. Ganz nach dem Motto: „Gib du mir Wärme, dann gebe ich dir Holz." So funktioniert es nicht. Erst Holz, dann Wärme lautet die Regel. Dahinter steht das Prinzip, erst investieren und dann kassieren. Das ist auch meine Devise und die der erfolgreichen Menschen. Diese Gesetzmäßigkeiten funktionieren auf allen Ebenen. Wenn Ihr großes Ziel eine finanzielle Unabhängigkeit ist, dann werden Sie dieses Ziel erreichen, sowie Sie bereit sind, alles zu geben. Das ist die Regel. Wenden Sie diese Regel in der richtigen Reihenfolge an, dann werden Sie Ihren Erfolg kaum noch verhindern können. Sie sind bereits auf dem richtigen Weg, denn Ihre erste Investition zu Reichtum und Wohlstand haben Sie mit dem Erwerb dieses Buches getätigt. Herzlichen Glückwunsch. Es sind aber noch weitere Investitionen nötig, wie Sie im Verlauf dieses Buches noch sehen werden. Dabei wäre es falsch, Investitionen nur in Form von Geld zu sehen. Erfolgreiche Menschen investieren Zeit, viel Arbeit und die Bereitschaft zu lernen, um ihre Ziele zu erreichen. Schon Benjamin Franklin, ein begnadeter Erfinder, Naturwissenschaftler und Politiker (1706-1790) sagte einmal: „Eine Investition in Wissen bringt noch immer die besten Zinsen."

Sie werden in diesem Buch lesen, welche Regeln und Gesetzmäßigkeiten Sie anwenden müssen, um erfolgreich zu sein. Dieses Werk ist keine theoretische Abhandlung über den Erfolg. Es ist ein Praxisbuch und von mir, einem echten Praktiker, geschrieben. Sie werden hier einen Weg finden, den andere vor Ihnen bereits erfolgreich gegangen sind. Das Buch ist ein Wegweiser zu Ihrem Erfolg. Vorausgesetzt, Sie wollen wirklich erfolgreich sein und sind bereit, meine Empfehlungen anzunehmen und umzusetzen. Auch ein Pferd kann nur zur Tränke geführt werden, trinken muss es selbst.

Sehen Sie in diesem Buch eine Art Regelwerk. So wie Sie bereit sind, diese Regeln zu akzeptieren und umzusetzen, werden Sie Ihren Erfolg jeden Tag aufs Neue wachsen sehen. Das setzt natürlich voraus, dass Sie mir verTRAUen. Das ist besonders wichtig, denn nur aus Vertrauen entsteht das Trauen. Viele Menschen haben damit große Probleme. Sie wollen lieber alles selbst ausprobieren und sind selten bereit, sich helfen zu lassen. Ich hoffe, Sie gehören nicht dazu. Auch für Sie ist es doch einfacher, von jemandem zu lernen, der weiß, wie es geht. Glauben Sie mir, ich habe hunderte, wenn nicht gar tausende Fehler gemacht. Es wäre doch töricht, wenn Sie diese Fehler wiederholen wollten. Lassen Sie es bleiben und starten Sie gleich erfolgreich. Wenn auch Sie sich TRAUen und bereit sind, diesen Weg zu gehen, dann werden Sie dort ankommen, wo ich schon bin.

In diesem Sinne wünsche ich Ihnen wunderbare Erkenntnisse und Einsichten sowie für Ihre Zukunft alles Gute.

Ihr Jörg Wittke
im Juni 2004

Der ganz normale Wahnsinn

„Viele Menschen verachten den Reichtum, aber wenige sind stark genug, darauf zu verzichten.“

La Rochefoucauld
frz. Schriftsteller (1613-1680)

Wir Deutschen sind es gewohnt, englische Begriffe in unseren Wortschatz zu übernehmen. Aus Verkäufern werden Power Seller, Telefonisten sind Call Center Agents und LKW-Fahrer sind Trucker. Es kommt einer Sensation gleich, wenn Engländer deutsche Wörter in ihre englische Sprache aufnehmen. So geschehen vor mehr als zwanzig Jahren. Doch ob wir darüber wirklich stolz sein dürfen, wage ich zu bezweifeln. Die Engländer übernahmen das Wort Angst. Es beschreibt damit die Stimmung, die seit dieser Zeit in Deutschland vorherrscht, so gut, dass die Engländer sich genötigt sahen, diesen Begriff zu übernehmen und ihn nicht zu übersetzen! Zugegeben, die Situation in unserem Land ist tatsächlich alles andere als gut. Deutschland befindet sich in der schlimmsten Rezession seit dem Krieg. Die Arbeitslosigkeit steigt von Monat zu Monat. Die Renten werden gekürzt. Deutschland ist neben Österreich das Land mit der geringsten Geburtenrate in ganz Europa. Die Staatsverschuldung hat ein Ausmaß erreicht, das über jedes Vorstellungsvermögen hinausgeht. In jeder Sekunde steigen die Staatsschulden um mehr als 2.100 Euro. Wohl gemerkt pro Sekunde. Kein Zweifel, die Zeiten sind schlecht. Pessimismus und Unzufriedenheit greifen um sich und lähmen das ganze Land. Unter diesen Vorzeichen verwundert dann auch nicht das Ergebnis einer Studie der Gallup Organisation (Potsdam)[1], die Anfang 2004 veröffentlicht wurde. Nach dieser Studie machen 70 Prozent aller Deutschen Dienst nach Vorschrift (!). Nur 12 Prozent der Arbeitnehmer in Deutschland sind zufrieden mit ihrem Job. Es kommt noch schlimmer: 18 Prozent der Arbeitnehmer

[1] Quelle: FAZ 19.01.04

haben bereits innerlich gekündigt. Der dadurch entstehende volkswirtschaftliche Schaden ist immens. Nach den Berechungen der Unternehmensberatung Gallup liegt der Schaden bei mehr als 260 Milliarden Euro. Diese Zahlen drücken klar aus, dass nur jeder zehnte Mensch in seinem Beruf zufrieden ist. Der Rest der arbeitenden Nation klagt, jammert und stänkert. Da darf es doch nicht verwundern, dass unter solch einem Klima nichts mehr funktioniert und jeder halbwegs positiv gestimmte Mensch die Lust an der Arbeit verliert.

Aber es gibt auch andere Nachrichten. Noch nie besaßen die Deutschen so viel Geld wie heute. Wir werden immer älter und haben die beste medizinische Versorgung weltweit. Unser Ausbildungssystem gehört ebenfalls zu den besten der Welt. Die Maschinenbauindustrie zählt zu den besten dieser Welt. Schauen wir uns die Network-Marketing Branche an. Diese Vertriebsform erlebt derzeit einen gewaltigen Boom. In einer Studie der Ruhr-Universität Bochum wurde errechnet, dass die Verkaufserlöse im Direktvertrieb für Konsumgüter allein in den vergangenen zehn Jahren von 13 Milliarden Euro auf 20 Milliarden Euro gestiegen sind. Nach dieser Studie findet heute jedes vierte elektrische Haushaltsgerät, jedes zehnte Auto und jedes zehnte Kosmetikprodukt über den Direktvertrieb seinen Kunden.[2] Weltweit werden jährlich über 100 Milliarden US-Dollar auf diesem Weg umgesetzt. Glaubt man den verschiedensten Analysen, dann wird der Markt für Network-Marketing in den nächsten Jahren die höchsten Zuwachsraten haben. Man nimmt an, dass die Verkaufszahlen um jährlich mehr als 10 Prozent steigen werden. Ich könnte diese Aufzählung beliebig fortsetzen, was nicht mein Ziel ist. Ich will Ihnen nur beweisen, dass jedes Ding zwei Seiten hat. Sie können sich, wie die meisten Menschen, herunterziehen lassen und alles bejammern. Sie können sich aber auch auf die andere Seite stellen und das Gute, die positive Entwicklung sehen. Sie haben die Wahl. Ich möchte mit Ihnen jetzt einen kleinen Test machen, um zu schauen, auf welcher Seite Sie heute stehen. Schauen Sie sich hierzu bitte die nächsten zehn Aufgaben genauer an:

[2] Universität Worms, Prof. Dr. Michael Zacharias

1 + 3 = 4	9 – 3 = 6
4 + 3 = 7	6 + 1 = 7
6 – 2 = 4	8 + 1 = 9
4 + 5 = 6	3 + 2 = 5

Nun, fällt Ihnen etwas auf?

Natürlich! Eine Aufgabe ist falsch, oder? Vier plus fünf sind nicht sechs, sondern neun. Aber habe ich Sie danach wirklich gefragt? Nein, ich habe Sie lediglich gefragt, ob Ihnen etwas auffällt und Sie werden wahrscheinlich genauso reagiert haben wie neunzig Prozent aller Menschen. Sie werden den Finger auf die falsche Berechnung gelegt haben. Sie hätten aber auch Ihre Finger auf die neun richtigen Aufgaben legen können und sagen können: Neun von zehn Rechnungen sind richtig. Ist das nicht ein wunderbares Ergebnis? Doch stattdessen suchen wir förmlich das Schlechte, Negative, um dann ganz laut zu tönen: Die Rechnung ist falsch! Mit anderen Worten: Wir alle sind scheinbar darauf programmiert, das Falsche, Negative zu sehen. Dieses Verhalten übernehmen wir schon aus der Schulzeit. Erinnern Sie sich noch, wie Ihre Eltern Ihre Hausaufgaben kontrollierten? Wurden Sie gelobt, weil Sie die meisten Aufgaben richtig gelöst hatten oder hieß es eher, dass Sie schon wieder einen Fehler gemacht haben und Sie beim nächsten Mal besser aufpassen sollten? Selbst wenn Sie sich nicht mehr daran erinnern, reicht es, wenn Sie sich bei der Kontrolle der Hausaufgaben Ihrer Kinder beobachten. Sie werden Erstaunliches über sich feststellen. Denken Sie immer daran. Alles worauf Sie Ihre Aufmerksamkeit richten, wird sich verstärken. Wer nur alles falsch sieht, wird auch nur falsche Ergebnisse erzielen. Wer dagegen das Gute, das Positive sieht, erhält auch bessere Ergebnisse. Der römische Kaiser Marc Aurel (121-180) sagte es so treffend: *„Betrachte einmal die Dinge von einer anderen Seite, als du sie bisher sahst, denn das heißt ein neues Leben beginnen.“*

Ich habe keine Ahnung, wo Sie heute stehen und wie Sie zu Ihrem Beruf stehen. Aber wenn auch Sie zu den Menschen gehören, die mehr Frust als Lust am Arbeitsplatz schieben, dann sollten Sie sich fragen, warum Sie sich in diesen Wahnsinn treiben lassen. Zwingt Sie jemand oder ist es eher die Vorstellung, nur des Geldes wegen arbeiten zu müssen? Wenn Sie durch Familie und Konsumgedanken quasi zum Arbeiten gezwungen werden, was aus meiner Sicht für die meisten Angestellten zutreffen dürfte, erhebt sich für mich die Frage, warum Sie das Nützliche nicht mit dem Angenehmen verbinden? Kann Sie wirklich jemand zwingen, etwas zu tun, was Sie eigentlich gar nicht wollen? Wer diese Frage bejaht, hat mein tiefstes Mitgefühl. Denn das drückt aus, dass es mit seinem Selbstvertrauen nicht zum Besten steht. Wie steht es mit Ihnen? Trauen Sie sich selbst etwas zu oder lassen Sie zu, dass andere über Sie und Ihr Leben bestimmen? Viele Menschen haben auch kein Problem damit, sich in der „sozialen Hängematte" wohl zu fühlen und ein Leben auf Kosten der Allgemeinheit zu führen. Am Mut hängt bekanntlich der Erfolg. Ich will nicht so weit gehen, dass die Menschen, die in Armut leben, arm an Mut sind. Aber oftmals drängt sich schon der Eindruck auf, dass sich viele Menschen lieber fallen lassen und mit ihrem Schicksal hadern, als entschlossen sich bietende Chancen zu nutzen. Das ist kein Phänomen unserer Zeit, ganz im Gegenteil. Schon im alten Rom war der Müßiggang aller Laster Anfang, und der bekannte römische Staatsmann Marcus Cicero (106-43 v. Chr.) mahnte: „Die Leute sollen wieder lernen zu arbeiten, anstatt auf öffentliche Rechnung zu leben."

Sich zu trauen und etwas Neues anzupacken, andere Wege zu gehen und mehr Geld als der Durchschnitt zu verdienen, ist ganz bestimmt nicht einfach, aber es lohnt sich. Ich gehöre nicht zu den Menschen, die Ihnen weismachen wollen, dass nur ein wenig positives Denken und etwas mehr arbeiten als andere ausreichen wird, ein Leben in finanzieller Unabhängigkeit zu führen. Wenn Sie aber davon überzeugt sind, es schaffen zu können und die Qualität Ihrer Arbeit stimmt, werden Sie dieses Ziel erreichen. Klar, klingt bekannt und ist vielleicht auch schon etwas abgedroschen. Aber es ist die Wahrheit und daran gibt es nichts zu rütteln. Gebratene Tauben fliegen niemandem in den Mund. Man muss schon den Mut aufbringen und diese Tauben eigenständig einfangen und entsprechend zubereiten, um bei diesem Beispiel zu bleiben. Sie dürfen nie vergessen, dass Ihr

Leben, so wie Sie es heute leben, das Ergebnis Ihrer eigenen Entscheidungen aus der Vergangenheit ist. Sie haben sich für diesen Partner entschieden. Sie haben sich für diesen Arbeitsplatz entschieden. Sie haben sich dafür entschieden, diesen und keinen anderen Beruf zu erlernen. Sie haben sich für diesen Wohnort entschieden. Sie haben sich für Ihr Konsumverhalten entschieden und somit einen direkten Einfluss auf Ihren Kontostand. Sie haben sich entschieden, einen alten rostigen Golf zu fahren. Sie hätten sich auch gegen dieses Auto und für einen tollen Jaguar entscheiden können. Haben Sie aber nicht. Warum haben Sie es nicht? Weil Sie kein Geld haben, um sich ein solches Auto wirklich leisten zu können. Eine brave Entscheidung. Denn warum sollten Sie Schulden machen, nur um ein solches Auto fahren zu können. Aber dennoch eine falsche Entscheidung. Denn hätten Sie sich für einen Beruf entschieden, der Ihnen mehr Geld einbringt, dann hätten Sie heute diesen Jaguar fahren können. Klingt doch irgendwie einleuchtend und trotzdem verhalten sich die meisten Menschen anders.

Es gibt Menschen, die schreiben Dutzende von Bewerbungen, um endlich einen Job zu bekommen. Wenn sie es dann endlich zu einem Vorstellungstermin geschafft haben und nun zitternd vor dem Personalchef sitzen, geht es letztendlich um alles oder nichts. Selbst wenn das Gespräch bis zu diesem Zeitpunkt zufrieden stellend verlief, kommen die meisten Bewerber ins Schwitzen, wenn der Personalchef die Frage nach der Gehaltsvorstellung ausspricht. Da wird sich gewunden, gedreht und gezögert und am Ende wird irgendeine Zahl dahingestottert. Das Gespräch endet mit einem festen Händedruck und der obligatorischen Antwort: „Sie hören von mir“. Verlief Ihr Gespräch ähnlich? Dann möchte ich Sie fragen, warum Sie nicht wissen, wie viel Sie wert sind? Kommt Ihnen diese Frage albern vor? Dann enttäuschen Sie mich. Schauen Sie, es gibt etwa vierzig Millionen arbeitende Menschen in Deutschland und fast genauso viele unterschiedliche Gehälter, die ausgezahlt werden. Haben Sie sich nie gefragt, warum es Menschen gibt, die genauso viel arbeiten wie Sie, aber das Drei- bis Vierfache im Monat mehr verdienen als Sie? Jetzt kommen Sie mir bitte nicht mit dem Vergleich der besseren Ausbildung. Natürlich verdient ein Arzt grundsätzlich mehr als ein Busfahrer. Das ist mir schon klar, doch darum geht es gar nicht. Die Frage ist doch, warum wird der eine Arzt und der andere Busfahrer. Beide Berufe haben ihre Existenzberechtigung. Ohne Busfahrer würde kein öffentlicher Nahverkehr funktionieren und ohne Arzt wären viele Menschen ihrer Krankheit hilflos ausgesetzt. Aber glauben Sie, dass ein Arzt für Hals-, Nasen- und Ohrenheilkunde immer Freude daran hat, jeden Tag mehreren Dutzend Patienten in den kranken Hals und in die Ohren zu schauen? Ich kann mir Schöneres vorstellen. Aus meiner Sicht steht der Busfahrer besser da. Der muss vielleicht jeden Tag dieselbe Strecke fahren, doch er ist draußen und sieht vieles von der kleinen Welt. So ganz nebenbei darf er dann noch Radio hören. Ein Lehrer plagt sich dagegen mit quengelnden Kindern und darf während des Unterrichts natürlich kein Radio hören, dafür verdient er mehr als der Busfahrer und hat zu allem Überfluss auch noch deutlich mehr Ferientage. Sie sehen, es gibt nicht den idealen Beruf, überall gibt es Vor- und Nachteile. Doch darum geht es eigentlich gar nicht. Für mich stellt sich immer wieder die Frage, ob jemand einen Beruf ausübt oder seiner Berufung nachgeht. Ich sehe darin einen gewaltigen Unterschied. Als Beruf bezeichne ich das, was Sie einmal gelernt haben und dann vielleicht lebenslang ausüben. Ob Maler, Heizungsbauer oder eben Arzt. Das sind Berufe, die aber nichts mit Ihrer Berufung zu tun haben. Es gibt viele Ärzte, die nur deshalb Arzt wurden, weil es der Familientradition entsprach. Genauso wie Rechtsanwälte gerne ihre Kanzlei später auf den Sohn übertragen möchten und ihn mit Nachdruck zu dieser Ausbildung zwingen. Nicht selten sind diese Menschen dann sehr unglücklich in ihrem Beruf, weil sie sich eben nicht berufen fühlen, diesen Job zu machen. Menschen, die erkannt haben, welche Aufgabe sie in ihrem Leben auszufüllen haben, lassen nichts unversucht, ihrer eigentlichen Berufung nachzugehen. Sie fühlen sich im wahrsten Sinne des Wortes berufen, diesen Job und keinen anderen zu machen. Nur in einem solchen Fall ist es möglich, seine finanzielle Unabhängigkeit zu erreichen. Die Geschichte ist voller interessanter Menschen, die über sich selbst hinausgewachsen sind und gegen alle Vorbehalte unbeirrt an ihrem Weg festgehalten und es so zu Weltruhm gebracht haben. So wie einer der größten Schauspieler der

Nachkriegsgeschichte: Theo Lingen, Sohn eines Rechtsanwaltes aus Hannover. Sein Vater soll darauf bestanden haben, dass Theo den Beruf des Rechtsanwaltes ausübt. Doch Theo wollte Schauspieler werden, verließ früh die Schule und nahm Schauspielunterricht. Nach dem Krieg wurde er ein begnadeter Theater- und Filmschauspieler. Er verdiente mit seiner unvergesslichen und einmaligen Art Millionen. Es erhebt sich die Frage, ob Theo Lingen als Rechtsanwalt je zu solchem Ruhm gekommen wäre, wenn er mehr auf seinen Vater und weniger auf seine Berufung zum Schauspieler gehört hätte. Auch Sie sollten sich überlegen, ob Sie Ihrer Berufung folgen oder eher Dienst nach Vorschrift machen. In diesem Fall dürften Sie aus meiner Sicht nie wirklich finanziell unabhängig werden.

Ich kann Ihnen versichern, sobald Sie bereit sind, einen anderen Weg zu gehen als andere, werden hunderte Ihrer Bekannten sagen, dass Sie ein Spinner, Träumer oder sonst was sind. Sie sollten sich dadurch nicht irritieren lassen und ganz gezielt Ihren Weg gehen. Schon Goethe sagte: *„Unsere Wünsche sind Vorgefühle der Fähigkeiten, die in uns liegen, Vorboten desjenigen, was wir zu leisten imstande sein werden."* Deshalb wundere ich mich nicht, hier und heute in dieser Position zu stehen. Mir war schon als kleiner Junge klar, dass ich etwas Großes bewegen möchte. Ich wusste zwar noch nichts Genaues, aber mein Ziel war die finanzielle Unabhängigkeit. Meine Mutter schüttelte nur immer wieder den Kopf und meinte nur, ich wäre ein unverbesserlicher Träumer. Ein Stück weit hatte sie Recht. Aber eben nur ein kleines Stück. Ich war kein Träumer, denn das sind Menschen, die in eine Wunschscheinwelt fliehen und sich nicht der Realität stellen. Ich bin eher ein Visionär, also jemand, der eine klare Vorstellung von dem Zustand hat, den er erschaffen will. Das Wort Vision stammt übrigens aus dem Lateinischen und wird u. a. als Erscheinung übersetzt, was ja auch zutrifft. Denn in meinen Vorstellungen „erscheint" ein Bild, wie es sein wird und nicht wie es sein könnte, denn dann sprächen wir wieder von einem Traum. Der bekannte italienische Regisseur und Schauspieler Federico Fellini (1920-93) bestätigte: *„Der einzig wahre Realist ist der Visionär."*

Während meine Mutter mich also für einen Träumer hielt, sagte ich mir immer wieder, dass ich es jedem und einem beweisen werde. Für mich gab es keinen Grund, nicht in einem schönen großen Haus wohnen zu dürfen, wie andere Menschen auch. Andere meinten, dass sich nur die allerwenigsten Menschen diesen Traum erfüllen können. Sie meinten, man müsse mit dem Erreichten zufrieden sein. Doch wer so denkt, resigniert. Es gibt kein Gesetz der Welt, das vorschreibt, wie viel Geld der Einzelne besitzen darf. Es gibt auch kein Gesetz, was nur bestimmten Menschen den Besitz von Geld gestattet. Wie sieht es bei Ihnen aus? Schauen Sie doch einmal in Ihren Personalausweis. Da stehen natürlich einige Zahlen, aber steht da auch, wie viel Sie maximal verdienen dürfen? Dürfen Sie nur 1.950 Euro im Monat verdienen? Wer sagt Ihnen das? Niemand. Nur wir allein entscheiden, ob wir Geld haben oder nicht. Unser Glaube entscheidet. Es ist wirklich so, wie einer der erfolgreichsten Unternehmer des letzten Jahrhunderts, Henry Ford, schon sagte: *„Ob Sie glauben, dass Sie eine Sache tun können oder ob Sie glauben, dass Sie sie nicht können, Sie haben in jedem Fall Recht.“* Es gibt weder heute noch morgen einen Grund, ein schlechteres Haus zu bewohnen oder einen älteren Wagen zu fahren als andere Menschen. Solange jemand wirklich annimmt, dass er immer nur in der zweiten Liga spielen darf, wird er auch nie eine Chance haben, da raus zu kommen. Doch das Sie in der zweiten Liga spielen, hat nichts mit Ihren Leistungen zu tun, um bei diesem Beispiel zu bleiben. Es hat damit zu tun, dass Sie glauben, nur gut genug für die zweite Liga zu sein. Sie können aber auch in der ersten Liga mitspielen. Dabei spreche ich natürlich nicht von König Fußball, obwohl auch hier der Gedanke sehr reizvoll ist. Die jungen Fußballer verdienen in jungen Jahren ein gewaltiges Vermögen, aber mehr als die Hälfte verliert selbiges nach dem Ende der Profikarriere. Natürlich gibt es Menschen, die sprichwörtlich mit dem goldenen Hintern auf die Welt gekommen sind. Von denen rede ich nicht. Die sind eh in der Minderheit. Die meisten Menschen sind, wie ich auch, in einem normalen Elternhaus aufgewachsen. Sie mögen mir verzeihen, wenn ich etwas ketzerisch behaupte, dass Sie nichts dafür können, in einem normalen, vielleicht sogar ärmeren Elternhaus geboren zu sein. Aber Sie können sehr wohl dafür, wenn Ihre Zöglinge die gleiche Entwicklung durchmachen. Ihre Kinder können nichts ändern, Sie dagegen alles. Bitte verstehen Sie mich richtig. Ich schreibe dieses Buch nicht, um eine Lobeshymne auf Ihr bisheriges Leben und sogar auf Ihre Eltern auszusprechen. Es steht mir auch nicht zu, Ihre Kindheit schlecht zu reden. Das ist nicht mein Ziel. Ich bin mir durchaus im Klaren, dass Sie eine gute Kindheit hatten, behütet aufwuchsen und Ihre Eltern ihr Bestes gegeben haben. Ich möchte Sie wachrütteln und Ihnen zeigen, dass Sie jetzt die einmalige Chance haben, aus diesem bisherigen Leben auszusteigen und aufzusteigen in die Liga des Geldes und des Erfolges. Endlich das gewaltige Gefühl erleben, etwas Tolles, Großartiges und Positives geleistet zu haben. Das wollen Sie doch, denn sonst hätten Sie dieses Buch nicht gekauft. Deshalb ist es für mich Verantwortung und Verpflichtung zugleich, Ihnen hier die Regeln an die Hand zu geben, damit Sie in Ihrem einmaligen Leben alles erreichen können. Wobei einmalig sprichwörtlich gemeint ist. Sie und ich, wir haben nur ein Leben. Dieses im Hier und Jetzt. Wir können nur jetzt handeln. Was war ist unwiderruflich vorbei, was kommt, wissen wir nicht. Was bleibt ist der Augenblick, und den gilt es sehr gut zu leben. Niemand hat je behauptet, dass die tollen Dinge des Lebens nur einer bestimmten Klientel vorbehalten sind. Wir alle haben das Recht, alles zu bekommen, vorausgesetzt, wir sind bereit, alles zu geben.

Die Macht der Motivation

„Am Ende ist das Geld doch das Zeichen aller Notwendigkeiten und Bequemlichkeiten des Lebens.“

Goethe

Wenn ich meinen Kindern sage: „Wir gehen gleich spazieren!“, dann ernte ich in aller Regel nur Protest. Man kann gar nicht so schnell gucken, wie die auf ihre Zimmer verschwinden, um sich vor dem Spazierengehen zu drücken. Sage ich ihnen aber, dass wir danach noch zu McDonalds laufen, dann kann ich gar nicht so schnell sehen, wie sie in ihre Schuhe springen, ihre Jacke überstülpen und schon draußen vor der Tür stehen. Wer glaubt, nur Kinder würden sich so verhalten, irrt gewaltig. Selbst Erwachsene mögen es nicht, wenn man ihnen etwas vorschreibt, es sei denn, am Ende steht eine Belohnung und der ganze Aufwand hat sich gelohnt. Sowie wir aufgefordert werden, etwas zu tun, stellen wir uns die Frage, welchen Nutzen wir davon haben. Selbst die Angestellten einer Firma, die im Wesentlichen weisungsgebunden arbeiten, brauchen klare Ziele, sonst arbeiten sie nur mit halber Energie und sind nicht bereit, mehr zu geben. Je mehr wir motiviert sind, desto größere und bessere Ergebnisse erzielen wir. Endlich wegzukommen von den Schmerzen der täglichen Last, hin zur Lust und zur Freude, das ist es, was uns antreibt und glücklich macht. Wenn Sie dieses Ergebnis erreicht haben, werden Sie spüren, was Sie bisher verpasst haben. Sie werden aber auch den Neid Ihrer Mitmenschen zu spüren bekommen. Leider. Doch denken Sie immer daran:

Neid ist die aufrichtigste Form der Anerkennung

Mit der richtigen Einstellung und einer gehörigen Portion Motivation werden Sie es allen zeigen können. Motivation kommt aus dem Lateinischen und heißt übersetzt Bewegung. Noch vor hundert Jahren glaubte kein Mensch, dass eine Maschine fliegen kann, die schwerer als Luft ist. Heute heben tausende von Flugzeugen mit mehreren hundert Tonnen Startgewicht ab, um immer mehr Menschen zu immer mehr Metropolen dieser Welt zu fliegen. Fliegen ist heute wie Bus fahren. Der Flugzeughersteller Airbus ist gerade dabei, das größte Passagierflugzeug der Welt zu bauen. Danach sollen rund 800 Menschen gleichzeitig fliegen können. Flugzeuge fliegen zum einen, weil sie sich bestimmte Gesetzmäßigkeiten zu Nutze machen und zum anderen, weil sie mit großen Turbinen ausgestattet sind, die den Maschinen den richtigen Schub verleihen. Jeder Pilot weiß, wie er diese Turbinen zu steuern hat, damit das Flugzeug zum einen sicher abhebt und zum anderen in der Luft bleibt. Sobald man den Schub wegnehmen würde, droht ein Absturz. Kein Pilot würde auf die Idee kommen, das Flugzeug zur Startbahn zu steuern und dann den Gashebel auf halbe Kraft zu stellen. Jedes Kind weiß, dass dieses Flugzeug nicht abheben wird, weil es mit halber Kraft nicht abheben kann. Es braucht die volle Kraft, den ganzen Schub, um den Boden zu verlassen. Dieses Beispiel verdeutlicht, wie wichtig der richtige Schub ist. Ohne Schub keine Bewegung, ohne Bewegung kein Fortschritt. So verhält es sich mit allem. Auch wenn ich uns Menschen nicht mit einem Flugzeug vergleichen möchte, aber auch wir brauchen den richtigen Schub, um zu starten. Doch das allein reicht bei weitem nicht aus. Wir müssen auch oben bleiben. Mit anderen Worten: Wir müssen auch auf der Höhe unseres Erfolges volle Leistung bringen, den Gashebel immer auf voll Power stellen, um oben zu bleiben.

Ich möchte Sie an dieser Stelle fragen, ob Sie meinen bisherigen Ausführungen folgen konnten und ob Sie die Dinge ähnlich sehen? Wie fühlen Sie sich, wenn ich Ihnen etwas von Schub erzähle und Sie gleichzeitig auffordere, Gas zu geben, um endlich abzuheben? Nehmen Sie diese Empfehlung an oder haben Sie eher das Gefühl, ich würde Ihnen etwas befehlen? Das wäre schlecht. Viele Menschen hassen nichts mehr als Anordnungen und Befehle. Das ist eng mit unserer Entwicklung verbunden. Die Eltern befehlen, in der Schule wird uns befohlen, am Arbeitsplatz gibt es Vorgesetze, die uns Befehle erteilen. Mit anderen Worten: Ob wir wollen oder nicht, wir sind den ganzen Tag irgendwelchen Befehlen ausgesetzt. Gleiches gilt für Anordnungen. Der Staat ordnet an, die Behörden ordnen etwas an und schlussendlich ordnet auch der Partner an, was wir zu tun haben. Den ganzen Tag werden wir fremdbestimmt. Doch das ist nur eine Seite der Medaille. Die andere Seite steht aus meiner Sicht für die Wahlfreiheit, die jeder Mensch hat. Sie können entweder weiterhin fremdbestimmt leben und sich jeden Tag aufs Neue sagen lassen, was gut für Sie und was weniger gut für Sie ist. Oder aber Sie entscheiden sich für einen eigenen Weg und machen sich frei von allen Zwängen, Ängsten und Ratschlägen anderer. Ratschläge sind aus meiner Sicht ohnehin nur Schläge, die einen immer dann treffen, wenn man sie nicht braucht. Ratschläge braucht niemand wirklich. So wie Sie aber bereit sind, Ihr Leben in die Hand zu nehmen, werden Veränderungen eintreten, die Sie bis dahin nicht für möglich hielten. Das aber setzt voraus, dass Sie bereit sind, alles zu geben und etwas Neues dazuzulernen. Das ist nicht ganz einfach. Denn noch immer sind viele Menschen der Meinung, dass der einmal erlernte Beruf eine Garantie für eine lebenslange Beschäftigung ist. Die Zahl der Arbeitslosen spricht hier eine ganz andere Sprache. Natürlich bin ich der Meinung, dass es wichtig ist, einen ordentlichen Beruf zu lernen. Es erhebt sich natürlich die Frage, was ein ordentlicher Beruf ist. Unsere Eltern würden meinen, dass ein traditioneller Beruf etwas Ordentliches und vor allen Dingen etwas Sicheres ist. Das mag bis vor zwanzig Jahren vielleicht auch noch so gewesen sein. Doch die rasante technische Veränderung und die Globalisierung haben dazu beigetragen, dass traditionelle Berufe mit teilweise jahrhundertealter Tradition aussterben oder bereits ausgestorben sind. Buchbinder, Schuster oder Büromaschinenmechaniker stehen für diese Entwicklung. Dagegen sind im selben Zeitraum neue Berufsbilder entstanden, von denen unsere Eltern zu ihrer Lehrzeit nicht einmal im Ansatz etwas ahnen konnten, so schnell entwickelte sich alles. Heute kann man sich zum Mediengestalter oder IT-Systemkaufmann ausbilden lassen. Wie dem auch sei, für mich steht ein ordentlicher Beruf für die Fähigkeit, nach der Schule zielorientiert einen eigenen Weg zu gehen und von den Erfahrungen älterer Menschen zu profitieren. Die Lehrzeit ist wichtig. Sie vermittelt Fähigkeiten, Wissen und vor allen Dingen Disziplin. Diese Tugenden sind für den weiteren Lebensweg von immenser Bedeutung, gleichgültig, welchen Beruf Sie auch lernen mögen. Niemand darf annehmen, dass dieser Ausbildungsstandard dann auf Dauer den Arbeitsplatz sichert. Das war bis vor einigen Jahren sicher so, aber heute, heute ist das alles ganz anders. Schon der ehemalige deutsche Bundespräsident, Roman Herzog, mahnte[3]:

> *„Die einfache Wahrheit ist heute doch: Niemand darf sich darauf einstellen, in seinem Leben nur einen Beruf zu haben. Ich fordere auf zu mehr Flexibilität! In der Wissensgesellschaft des 21. Jahrhunderts werden wir alle lebenslang lernen, neue Techniken und Fertigkeiten erwerben und uns an den Gedanken gewöhnen müssen, später einmal in zwei, drei oder sogar vier verschiedenen Berufen zu arbeiten."*

Wenn wir uns einmal anschauen, wie sich das Wissen der Menschen verändert, dann werden wir erkennen, wie wichtig die Bereitschaft ist, sich jeden Tag den neuen Herausforderungen zu stellen. Im Jahre 1683 war Gottfried Leibnitz der letzte Mensch, der das gesamte enzyklopädische Wissen der Menschheit auswendig wusste. Damals verdoppelte sich das Wissen alle 100 bis 150 Jahre. Heute verdoppelt sich das Wissen der Menschheit alle zwei Jahre mit fallender Verdoppelungszeit. Täglich werden mehr als eine Million neue Seiten ins Internet eingestellt. Das ist der Zeitgeist oder wie Bill Gates, einer der reichsten Männer dieser Welt, sagt:

*„Entweder Du gehst **mit der Zeit**"*
oder
*„**Du gehst** mit der Zeit."*

[3] Berliner Rede des Bundespräsidenten im Hotel Adlon am 26.4.97

Goethe lehrte uns: „Die Botschaft höre ich wohl, allein mir fehlt der Glaube!“ Ich bin mir sicher, dass Sie keinen Glauben brauchen, um dauerhaft Erfolg zu haben, Sie müssen nur etwas tun, was die wenigsten Menschen wirklich wollen: Sie müssen sich entscheiden. Klingt einfach, ist aber verdammt schwer. So wie Sie eine Entscheidung treffen, müssen Sie auch die Verantwortung dafür übernehmen. Und das können die wenigsten. Es ist noch immer leichter, dem Chef die Schuld in die Schuhe zu schieben, wenn er sein Unternehmen an die Wand fährt und dadurch der Weg in die Arbeitslosigkeit droht. Aber sich zu entscheiden, sich unabhängig vom Chef auf den Weg zu machen, sein eigenes Unternehmen zu gründen und ab sofort für sich selbst zu sorgen, ist für viele Menschen leider noch immer ein Buch mit sieben Siegeln. Schwarz oder weiß? Ein neues Auto kaufen oder doch lieber mit der Bahn fahren? Heiraten oder Ehe auf Probe? Tagtäglich müssen wir Entscheidungen treffen. Das überfordert aber noch immer viele und das aus einem ganz einfachen Grund. Sie wollen alles perfekt machen. Alles perfekt regeln und perfekt sein. Das mag vor hundert Jahren noch einfach gewesen sein, nur heute ist jeder damit überfordert. Der Beruf kostet viel Kraft. Müssen daneben dann noch die normalen Dinge des täglichen Lebens, wie Kinder in die Schule fahren, Post durcharbeiten, Email beantworten, Sitzungen führen, einkaufen, Geschäftsessen etc. pp. erledigt werden, dann geraten wir leicht außer Atem. In solchen Momenten ist es völlig unmöglich, perfekt zu sein. Das muss man akzeptieren, ansonsten geht man vor die Hunde. Schlimm wird es, wenn man dann noch der Ansicht ist, es läge an einem selbst, dass man dieses oder jenes nicht mehr schafft. Irrtum. Es sind wirklich die veränderten Lebensgewohnheiten, die uns zu dem gemacht haben, was wir heute sind. Wer täglich zwischen vielen Aufgaben jonglieren muss, kann nicht perfekt sein. Akzeptieren Sie das! Bemühen Sie sich, einen guten Job zu machen, mehr nicht. Vollkommenheit wird man nie erreichen können, somit ist ein Perfektionist immer ein Verlierer, egal, wie sehr er sich auch abstrampeln wird. Der Begriff „perfekt“ heißt übersetzt „vollendet“. Und darin steckt das Wort: Ende. Ende wird sehr häufig mit Tod gleichgesetzt. Der Tod beendet das Leben. Das Leben aber ist Entwicklung und damit nie fertig. Wenn es fertig sein würde, wären wir am Ende, also tot. Wollen Sie das wirklich? Solange Sie Fehler machen, dürfen Sie doch ein gutes Gefühl haben. Denn es zeigt, dass Sie am Leben sind und dass Sie etwas tun, sich sogar weiterentwickeln. Deshalb waren meine vielen Aktivitäten im Vertrieb nie verkehrt. Im Gegenteil. Sie gaben mir das Gefühl, nie perfekt zu sein und deshalb an mir zu arbeiten, bis ich die gewünschten Ergebnisse erreicht hatte. Jemand, der nicht arbeitet, macht auch keine Fehler. Dass wir uns nicht falsch verstehen. Natürlich erwarte ich auch von meinen Mitarbeitern, dass Sie gut und zuverlässig arbeiten. Aber immer nur im Rahmen ihrer Möglichkeiten. Alles andere käme ja einer schludrigen Arbeitsweise gleich. Ich würde mich auch von keinem Chirurgen operieren lassen, der mir sagt, er würde nur halbherzig den Brustkorb öffnen.

Die Geschichte ist voller Beispiele, die uns tagtäglich beweisen, dass nichts perfekt ist. Wenn Gottfried Daimler solange gewartet hätte, bis er wirklich ein perfektes (und damit fertiges) Auto auf den Markt gebracht hätte, würde heute wahrscheinlich nicht ein Auto auf deutschen Straßen fahren. Daimler hat einfach gearbeitet und seine Ergebnisse immer wieder verbessert. Als dann seine Frau mit dem ersten Wagen von Bad Cannstatt nach Pforzheim fuhr, erfuhr die Welt von dieser tollen Entwicklung. Genauso funktionieren das Leben und das Network-Marketing. Sie können keine perfekte Ausbildung in Sachen Network-Marketing bekommen. Sie können eine gute Ausbildung bekommen, ja. Sie werden auch viel lernen, aber den Rest müssen Sie sich selbst beibringen, und zwar ein Leben lang. Es wird der Tag kommen, an dem Sie einfach loslaufen müssen, um andere Menschen von Ihrer Idee zu begeistern. Sie werden Fehler machen. Das ist völlig normal. Unnormal wäre es, wenn Sie aus diesen Fehlern nichts lernen würden. Alles andere bedeutet Leben. Es lebe die Unvollkommenheit. Kennen Sie den Italiener Marquis V. Pareto? Er war Ingenieur, Soziologe und Nationalökonom. Schon im Jahre 1897 stellte er fest, dass 20 Prozent der italienischen Familien 80 Prozent des italienischen Volksvermögens besaßen. In Deutschland ist das Verhältnis heute genauso. Pareto fand heraus, dass sich diese Verhältnismäßigkeiten auf alle Lebenslagen übertragen lassen. So stellte er beispielsweise für den Handel fest, dass 20

Prozent des Warenbestandes 80 Prozent des Umsatzes bringen, während 20 Prozent der Kunden 80 Prozent des Umsatzes generieren, aber 80 Prozent der Kunden nur 20 Prozent Warenumsatz schaffen. Er stellte ferner fest, dass 80 Prozent des Wohlstandes eines Landes in den Händen von 20 Prozent der Bevölkerung liegen. Bei den Menschen, die Dienst nach Vorschrift machen, führen 80 Prozent ihrer Tätigkeit nur zu 20 Prozent Erfolg. Diese Gesetzmäßigkeit im Verhältnis 20:80 stelle auch ich immer wieder fest. In 80 Prozent der Fälle dreht sich die Frage der Menschen um das Warum und nur in 20 Prozent um die Frage des Wie? Mit anderen Worten: Warum jemand ein Ziel erreichen will, ist um ein Vielfaches wichtiger als die Frage, wie er dieses Ziel erreicht. Will ich ein tolles Auto fahren? Will ich ein Haus an der Cote Azur oder möchte ich lieber mehrmals im Jahr Urlaub machen? Wenn ich diese Fragen für mich beantworten kann, dann erst werde ich mir Gedanken machen müssen, wie ich diese Ziele erreiche. In erster Linie werden Sie Ihre Ziele erreichen, indem Ihnen die finanziellen Möglichkeiten zur Verfügung stehen. Es ist wichtig, dass Sie Ihre Zeit so einteilen, dass Sie mit einem Minimum an Aufwand ein Maximum an Ertrag erhalten. Das ist schwierig genug, aber auch hier greift das Pareto-Prinzip. Denn auch Sie werden mit 20 Prozent Ihrer Kunden 80 Prozent Ihres Umsatzes machen. Um aber die restlichen 20 Prozent Ihres Umsatzes zu erfüllen, müssen Sie sich mehr anstrengen. Mit anderen Worten: Sie „verpulvern" für die restlichen 20 Prozent 80 Prozent Ihrer Zeit. Es liegt also auf der Hand, sich den Kunden und Partnern zuzuwenden, die Ihnen den meisten Umsatz bringen.

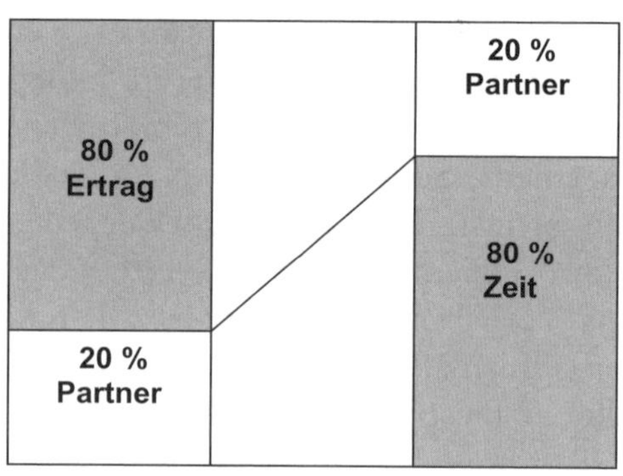

Sie werden im weiteren Verlauf sehr viel über meine Firma lesen. Eines möchte ich an dieser Stelle schon vorweg sagen. Für unsere neuen Partner haben wir ein Starterset nach diesem Pareto-Prinzip zusammengestellt. In diesem Set finden sich alle Produkte, mit denen wir 80 Prozent unseres gesamten Umsatzes generieren.

Das Pareto-Prinzip mit seinen Fragen nach dem Warum und Wie spiegelt im Grunde nichts anderes wider als die Erkenntnis, dass Materie dem Geist folgt. Wenn ich im Kopf (und damit auch im Geist) klare Vorstellungen davon habe, was ich erreichen möchte, dann werden mir die Mittel, die ich brauche, um diese Ziele zu erreichen, durch allerlei Umstände zur Verfügung gestellt. Das war schon immer so und wird sich auch nie ändern. Der Alt-Bundeskanzler Helmut Kohl war davon überzeugt, gute Politik zu machen. Als er während seiner Amtszeit gefragt wurde, ob er denn zu all seinen politischen Entscheidungen stehen würde, sagte er nur, dass er sich zweimal am Tag rasieren müsste und sich deshalb mindestens zweimal am Tag ins Gesicht sehe. Und solange er sich noch selbst ins Gesicht sehen mag, weiß er, dass bis dahin alles gut gelaufen ist. So einfach kann mitunter Politik sein. Frauen wie Männer schauen mindestens einmal am Tag in den Spiegel. Während die Frauen mit dem Make-up beschäftigt sind, konzentrieren wir Männer uns auf die Rasur. In diesen Momenten nutze ich die Zeit, mir immer wieder zu sagen, dass ich erfolgreich bin und die Leute mich wirklich mögen. Wer damit so seine Schwierigkeiten hat, klebt einfach einen roten Punkt auf den Spiegel mit einer handschriftlichen Notiz: Ich bin okay! Durch dieses Verhalten wird das Unterbewusstsein positiv beeinflusst und jeder Start in den Tag wird ein guter Start. Das heißt nie, dass uns keine schlechten Nachrichten treffen. Aber die Frage, wie wir mit diesen Nachrichten umgehen, können wir steuern, und das ist die Hauptsache und der Schlüssel zu Erfolg und Wohlstand.

Alles eine Frage der Intelligenz

„Man kann die Menschen eine Weile täuschen und manche Menschen die ganze Zeit, doch nicht alle Menschen die ganze Zeit."

Abraham Lincoln

Kennen Sie den Grund, warum einige Menschen arbeiten wie ein Tier und am Ende doch nie genug Geld haben? Sie gleichen einem Hamster im Laufrad. Immer in Bewegung und doch nicht von der Stelle gekommen. Geht es Ihnen auch so? Nun, dann sollten Sie sich fragen, wie Sie mit Ihrer Zeit umgehen. In meinem Vorwort habe ich über die Notwendigkeit von Investitionen gesprochen. Arbeit ist ein Teil Ihrer Investition zu mehr Geld und Erfolg. Der andere Teil ist Zeit, die Sie investieren müssen. Wenn es eine Gerechtigkeit auf dieser Erde gibt, dann ist es aus meiner Sicht die Zeit. Alle Menschen, egal aus welchen sozialen Schichten und Staaten, haben die gleiche Zeit, genau 1.440 Minuten pro Tag und 525.600 Minuten im Jahr. Obwohl alle Menschen die gleiche Zeit haben, wird der eine Präsident, der nächste schafft es zum Oberstudiendirektor, wieder andere schaffen es nur zum Hilfsarbeiter. Sicher, vieles ist auch eine Frage der Intelligenz, doch wenn ich mir mitunter den einen oder anderen Menschen in einer bestimmten Position anschaue, dann beschleicht mich schon das Gefühl, dass man dort sprichwörtlich den Bock zum Gärtner gemacht hat. Gar nicht so selten sitzen in wichtigen Positionen Mitarbeiter, die es mit der Intelligenz nicht so haben. Ich frage mich schon lange nicht mehr, wie so etwas möglich ist. Wer die Beförderungssysteme, gerade im öffentlichen Dienst, kennt, weiß, wovon ich spreche. Umgekehrt funktioniert es genauso. So ist es nicht selten, dass Menschen, die, wie ich, einen Hauptschulabschluss in der Tasche haben, im Monat mehr verdienen als der Bundeskanzler. Was beweist, dass Hauptschüler nicht minder intelligent sein können als Gymnasialschüler. Die Geschichte ist voller interessanter Beispiele von Menschen, die es zu mehr gebracht haben als viele der Studierten:

- Albert Einstein
  In Mathematik versagt und nur Fünfen geschrieben. Seine Lehrer meinten, dass aus ihm nie etwas werden würde.

- Epiktet
  Er war Sklave und gründete eine Philosophenschule.

- Napoleon Bonaparte
  Auf der Militärakademie noch als Dummkopf abgestempelt, wurde aus ihm einer der größten Feldherren.

- Andrew Carnegie
  Der britische Stahlmagnat begann sein Leben als einfacher Arbeiter und wurde einer der reichsten Männer seiner Zeit.

- John D. Rockefeller
  Er war einfacher Bauer, bevor er zum reichsten Mann der Welt wurde.

- Abraham Lincoln
  Als Geschäftsmann versagte er kläglich, bevor er amerikanischer Präsident wurde.

- Heinz Rühmann
  Einer der erfolgreichsten deutschen Schauspieler ging in den fünfziger Jahren mit einer Filmproduktionsfirma Pleite.

Sie sehen, Intelligenz ist weitaus mehr als das Anhäufen von Wissen. Es gibt tausende Professoren in diesem Lande, die Ihnen genau sagen können, warum Friedrich der Große so klein war und Rom nicht an einem Tag erbaut wurde. Dagegen fällt es diesen Menschen schwer, sich bei Karstadt zurechtzufinden oder mit einem VW-Golf mal so richtig Gas zu geben, um einen vorausfahrenden Lastwagen zu überholen. Fachwissen allein reicht eben nicht aus, um Erfolg zu haben. Dazu bedarf es schon mehrerer Eigenschaften, die aus meiner Sicht heute immer wichtiger werden:

1. Gutes Allgemeinwissen
2. Selbstvertrauen
3. Verantwortung
4. Bewusstsein
5. Motivation

1. Gutes Allgemeinwissen

Gutes Allgemeinwissen ist unerlässlich. Das ist unstrittig. Dazu gehört sicher das 1x1, genauso wie die deutsche Geschichte zu kennen. Auch sollten Sie schon wissen, dass die Niagarafälle in Nordamerika liegen und nicht in Nigeria. Als Europäer beherrschen Sie auch die englische Sprache so weit, dass Sie sich durchaus verständigen können. Aber ob Sie wirklich französisch, spanisch oder portugiesisch sprechen können sollten, ist aus meiner Sicht stark abhängig von Ihrer Leidenschaft und mitunter von Ihrer beruflichen Ausrichtung.

2. Selbstvertrauen

Sich „selbst" vertrauen oder sich selbst trauen. Das Ganze ist in der Tat mehr als nur lose Wortspielerei. Die Frage, ob Sie über ein ausgeprägtes Selbstvertrauen verfügen, bestimmt entscheidend Ihr Einkommen. Glauben Sie, dass Sie dieses Leben verdient haben oder sehen Sie sich eher als ein Produkt zufälligen Zusammentreffens Ihrer Eltern? Das ist ein gewaltiger Unterschied. Im ersten Fall weiß ich, dass Sie das Leben als wertvolles Geschenk annehmen und davon überzeugt sind, dass Sie der Schöpfer in Ihrem Leben sind. Sie wissen, dass Sie es in der Hand haben, aus diesem Leben etwas zu machen. Im anderen Fall betrachten Sie sich als Opfer, als jemanden, der an einen bestimmten Platz gestellt wurde und nun nicht mehr anders kann. Als Opfer übernehmen Sie die Position, nicht mehr für Ihr eigenes Leben verantwortlich zu sein. Sie überlassen es dann anderen, für Ihr Leben zu sorgen. Sie könnten dann zu den Menschen gehören, die ihre Altersvorsorge in die Obhut des Staates legen und sich dann wundern, dass am Ende die Rente immer geringer ausfällt. Oder aber Sie legen die Verantwortung für Ihr Gehalt nachhaltig in die Hände der Gewerkschaften, die für Sie Ihren Lohn aushandeln, quasi nach dem Gießkannenprinzip. Vorher erstritten im kräftezehrenden Arbeitskampf, mit lauten Trillerpfeifen gegen den Rest der Welt, um dann endlich 2 Prozent mehr Lohn zu erhalten, gesichert für die nächsten zwei Jahre. Nur vergessen Sie dann nicht, dass von dieser sensationellen Lohnerhöhung kaum etwas bei Ihnen ankommt, weil die Sozialabgaben mehr als die Hälfte aufzehren. Nein, ich überzeichne die Situation nicht. Sie ist kennzeichnend für den überwiegenden Teil der rund 40 Millionen Arbeitnehmer und Arbeitnehmerinnen. Natürlich sind nicht alle gewerkschaftlich orientiert. Ist ja auch nicht erforderlich. Es reicht ja, wenn einige Tausend organisiert sind. Am Ende gilt dann das erreichte Ergebnis für alle Beschäftigten der Branche. Also schöne heile Welt. Denn wer Opfer ist, hat es leichter im Leben, er braucht keine Verantwortung übernehmen. Weil er diese an andere abschiebt, kann er sich leicht zurückziehen in die Opferrolle und seine Hilflosigkeit bejammern. Das ist wesentlich bequemer als Verantwortung zu übernehmen. Verantwortung zu übernehmen heißt, für sich und seine Entscheidungen alleine ein zu stehen. Egal, wie auch das Ergebnis aussehen mag. Verantwortung zu übernehmen, wenn es gut läuft, ist keine Kunst, das kann jeder. Aber dann sprichwörtlich seinen Mann zu stehen, wenn es mal nicht so läuft, das können die wenigsten. Erschwerend kommt hinzu, dass wir Deutschen noch immer große Probleme mit Leistung und Erfolg haben. Ist jemand außergewöhnlich erfolgreich, glaubt noch immer ein Großteil der Menschen, dass er seinen Erfolg nicht redlich erworben hat. Nicht selten wird ihm sogar unterstellt, dass er für Geld über Leichen geht. Während man in Amerika ein riesiges Fass aufmacht, um den Erfolg eines Menschen zu feiern, wird man in Deutschland nur geringschätzig angeschaut. Wer dagegen als erfolgreicher Unternehmer Arbeitsplätze schafft, wird nicht selten als Ausbeuter oder Kapitalist bezeichnet.

Fährt er darüber hinaus noch das größte Auto, wird auch das ihm noch geneidet. Scheitert ein Unternehmer, was angesichts der Globalisierung, steigender Abgaben, höherer Steuern und einer nicht enden wollenden Bürokratie nicht verwundert, sind sich auch hier viele einig. Wer den Schaden hat, braucht für den Spott nicht zu sorgen. Von „Kein Wunder, dass der Pleite gehen musste" bis hin zu „Der hat es doch nicht besser verdient, so wie der mit seinen Angestellten umgesprungen ist" reichen die zynischen Bemerkungen.

3. Verantwortung

Warum erzähle ich Ihnen das alles? Ich möchte Sie keineswegs aufhetzen oder in die Resignation treiben. Letztlich ist alles eine Frage des Bewusstseins und es kommt entscheidend auf Ihre Wahrnehmung an. Wenn Sie nur Probleme sehen, werden Sie nie Lösungen entwickeln. Deshalb habe ich bewusst den Finger in die Wunde gelegt und die Situation in Deutschland kritisiert, um Ihnen zu zeigen, wie einfach es ist, sich herunterziehen zu lassen. Man kann in allem und jedem ein Problem sehen. Es ist leicht, die Regierung eines Landes zu kritisieren, etwas Eigenes auf die Beine zu stellen, ist dagegen schwer. Ich bin mir sicher, dass die Menschen, die sich auf andere verlassen, insbesondere auf Versicherungen, Staat und Arbeitgeber, bald zu den Verlassenen gehören werden. Nur die Menschen, die für sich selbst die Verantwortung übernehmen und ab sofort ihr eigenes Leben in die Hand nehmen, werden wirtschaftlich gesehen überleben. Alle anderen werden von der Hand in den Mund leben, weil dieser Staat mit seiner gewaltigen Abgabenlast auch nicht mehr vor den Rentnern halt machen wird. Erstmals seit Kriegsende bekommen die Rentner im März 2004 weniger Rente ausgezahlt als im Vorjahr. Ich bin mir absolut sicher, dass dieses erst der bittere Anfang ist. Doch es gibt viele Möglichkeiten und Lösungen, um nicht zu den Verlassenen dieser Gesellschaft zu gehören, sondern zu den Gewinnern.

4. Bewusstsein

Der erste Schritt ist die Konzentration auf Lösungen und Möglichkeiten. Das ist einfacher als Sie vielleicht denken mögen. Sie können das gleich einmal ausprobieren. Nehmen wir einmal an, Sie wünschen sich einen Mercedes SL. Ich gehe heute jede Wette mit Ihnen ein, dass Sie in den nächsten Tagen auf mehr Mercedes SL-Autos im Straßenverkehr treffen werden als je zuvor. Sie sehen darüber hinaus das Auto öfter geparkt, auf Werbeplakaten abgebildet und sogar öfter im Fernsehen. Das ist nicht die Realität, Sie empfinden es nur so. Es fahren von diesem Modell plötzlich nicht mehr als vorher durch die Stadt. Schuld daran ist nur Ihre einseitige Wahrnehmung. Diese Fahrzeuge waren vorher auch schon da, nur haben Sie sich bisher nicht dafür interessiert. Jetzt aber, wo sie wichtig werden für Sie, stellt sich auch Ihr Unterbewusstsein auf diese neue Situation ein und nimmt das Produkt Ihrer Begierde eher und schneller wahr. Ihr Unterbewusstsein verhält sich in jeder Situation gleich. Auch die Art und Weise, wie Sie auf Meldungen, Nachrichten und Bedingungen reagieren, sagt viel darüber aus, wie Sie denken und empfinden. Sie können hier wieder nur Probleme sehen oder aber auch Chancen. Nehmen wir an, Sie werden als Verkäufer in die Wüste geschickt, um den dortigen Nomaden Hosen zu verkaufen. Wie der Zufall es will, treffen Sie am Flughafen zeitgleich mit einem ehemaligen Kollegen zusammen, der für die Konkurrenz arbeitet. Sie beschließen nun, sich einen Jeep zu leihen und gemeinsam in die Wüste zu fahren. Nach einer Tagesfahrt treffen Sie endlich auf ein Nomadenlager. Sie springen beide aus dem Auto, schnappen sich den Musterkoffer und verschaffen sich Zutritt zum Lager. Sie trauen Ihren Augen nicht. Plötzlich steht eine Horde schwarz gekleideter Herren vor Ihnen. Das allein ist erschreckend genug, aber was aus Sicht eines Hosenverkäufers noch schwerer wiegt, ist der Umstand, dass Sie erkennen, dass die Herren gar keine Hosen tragen, sondern nur Gewänder. Für Sie bricht eine Welt zusammen. Die ganze Anstrengung umsonst. Resigniert rufen Sie über Handy Ihren Chef an und sagen: „Tut mir Leid, Chef, das war ein Schuss in den Ofen. Die Männer brauchen unsere Hosen nicht, sie tragen alle nur Gewänder.“ Ihr ehemaliger Kollege trifft auf die gleiche Situation. Auch er greift zum Handy, um seinem Chef Rapport zu erstatten: „Hallo Chef, Superchancen, Riesenmarkt. Die Männer tragen alle nur Gewänder, keine Hosen. Schicken Sie mir sofort einen Container schwarzer Hosen, ich werde denen hier den neuesten, modischsten Schrei verkaufen." Sie sehen, eine Situation, aber zwei unterschiedliche Auslegungen. Wie eine Medaille, so hat jede Situation zwei Seiten. Es liegt an Ihnen, die gute Seite darin zu erkennen. Wenn Sie dagegen immer nur die negative Seite anstarren, laufen Sie Gefahr, dass sich kleine Probleme zu unüberwindbaren Bergen auftürmen. Ich kenne keinen Menschen, der ohne Rückschläge und Probleme groß geworden ist. Mutig und entschlossen sich den Dingen zu stellen, das ist die richtige Devise und nicht eine „Vogel-Strauß-Politik". Also nicht den Kopf in den Sand stecken und auf bessere Zeiten warten. Wer sich so verhält, wird schon bald mit den Zähnen knirschen. Dabei ist fast jedes Problem gleichzeitig eine Chance zu wachsen oder Millionen zu verdienen. Nehmen wir Frau Joanne K. Rowling. Sie werden sie kennen. Frau Rowling war Sozialhilfeempfängerin, bitter arm und allein erziehende Mutter. Um der winterlichen Kälte ihres Hauses wenigstens für einige Stunden zu entfliehen, setzte sie sich mit ihrer Tochter in ein Café und begann ein Buch zu schreiben. Das war die Geburtsstunde von Harry Potter. Die etablierten Verlage sahen aber keine Chance für dieses „Kinderbuch" und Frau Rowling musste sehr lange nach einem geeigneten Verleger suchen. Das Ergebnis ist bekannt. Noch nie hat ein Buch eine derartige Erfolgsgeschichte hingelegt. Inzwischen sind mehrere Bände entstanden, und Frau Rowling soll heute reicher sein als die englische Königin. In weniger als zehn Jahren gelang ihr der Aufstieg vom Sozialfall zur reichsten Frau Englands. Ich bin mir sicher, dass es Ihnen heute um ein Vielfaches besser gehen wird als Frau Rowling damals. Ich kann mir sogar gut vorstellen, dass Sie ein Dach über dem Kopf und täglich Geld für eine warme Suppe haben. Mit anderen Worten: Es geht Ihnen soweit gut und Sie brauchen sich nicht wirklich ums Überleben kümmern. Was also hindert Sie daran, jetzt eine neue zusätzliche Aufgabe anzunehmen? Sie können doch nur gewinnen.

5. Motivation

Wenn Sie im Leben bereit sind zu geben, wird Sie das Leben auch reichlich beschenken. Das ist für einen rational denkenden Menschen sehr schwer zu verstehen. Ich möchte Sie deshalb auch nicht überZEUGEn. Ich kann Ihnen nur sagen, wie aus meiner Sicht das Leben funktioniert. Sie können diese meine Botschaften annehmen und Sie werden ZEUGE, wie auch Ihr Leben sich nachhaltig verändern wird. Dabei brauchen Sie keine großen Veränderungen vornehmen. Sie müssen sich nur über Ihr Handeln und Denken im Klaren sein. Je präziser Sie hier vorgehen, desto klarer und leichter werden Sie das Ergebnis erreichen. Nehmen wir an, Sie arbeiten als Verkäufer in einem Schreibwarengeschäft. Ihr Chef ruft Sie in sein Büro und sagt Ihnen, dass der größte Arbeitgeber am Ort soeben angerufen hat und eine größere Menge Radiergummis bestellen möchte. Ihr Chef beauftragt Sie nun, diesen Auftrag zu verhandeln und mit einem guten Ergebnis zurückzukommen. Sie packen Ihre Unterlagen zusammen und fahren in die große Firma. Ihr Herz flackert vor Aufregung, als Sie endlich dem Einkaufsleiter gegenübersitzen. Der sagt Ihnen nach langen Erklärungen, dass er nun 1000 blaue Radiergummis haben möchte. Sie erklären ihm, dass Sie ihm einen viel besseren Preis machen könnten, wenn er noch 100 rote Radiergummis zusätzlich kaufen würde. Der Einkäufer willigt ein und Sie fahren mit einer Bestellung von 1100 Radiergummis zu Ihrem Chef. Voller Stolz präsentieren Sie ihm Ihren Auftrag und hören nur: „Das nennen Sie ein gutes Ergebnis?“ Wir verkaufen im Monat 500 Radiergummis, da hätte ich doch erwarten können, dass Sie mindestens die vierfache Menge verkaufen.“ Was ist passiert? Nun, jeder hatte eine andere Vorstellung von der Bezeichnung: „…kommen Sie mit einem guten Ergebnis nach Hause.“ Für Sie ist ein Auftrag mit 1100 Radiergummis doppelt so viel wie die Menge, die in einem Monat verkauft wird. Für den Chef aber hätte sich nur die vierfache Menge gelohnt. Sie sehen hier sehr deutlich, dass niemand ernsthaft eine Chance hat, erfolgreich zu werden, wenn er seine Ziele und Absichten schwammig formuliert. Wenn Sie wirklich einmal in eine ähnliche Situation geraten, dann fragen Sie immer, was jemand unter „gutem Ergebnis“ oder „noch besserem Ergebnis“ oder „machen Sie einen guten Job“ versteht. Je klarer die Vorgaben, desto größer die Motivation.

So, nun habe ich Ihnen die fünf wichtigsten Eigenschaften vorgestellt, die aus meiner Sicht zu den wirklichen Erfolgsgaranten gehören. Ich bin mir sicher, dass diese Eigenschaften auch Ihnen helfen werden, zu Erfolg und Reichtum zu kommen. Natürlich werden Sie nicht alle fünf Elemente gleich gut beherrschen müssen. Auch die Finger an Ihrer Hand sind nicht gleich lang und dennoch erfüllen sie alle gemeinsam eine Aufgabe: zupacken, wenn es darauf ankommt.

Richtiges Arbeiten oder wie ich es nenne, intelligentes Arbeiten, lernen Sie auf keiner Schule dieser Welt. Sicher ist es schön, als wandelndes Lexikon durch die Gegend laufen zu dürfen. Aber seien wir ehrlich. Hilft Ihnen das wirklich, eines Tages wirtschaftlich unabhängig zu sein? Klar, wenn Sie Arzt, Architekt oder Ingenieur werden möchten, ist ein grundsolides Studium erforderlich. Das ist unstrittig und stelle ich auch nicht in Abrede. Kein Mensch würde sich von einem Arzt operieren lassen, der vor der Operation sagt, er habe bis heute noch nie operiert und sein Wissen nur aus guten Fachbüchern. Wer sich für einen dieser akademischen Berufe entscheidet, verdient in der Regel mehr als ein Angestellter und seine berufliche Zukunft ist weitestgehend gesichert. Die Industrie sucht händeringend gut ausgebildete Mitarbeiter. Schon heute fehlen mehr als 15.000 Ingenieure[4]. Gleiches gilt auch in der Medizin. Hatten wir vor einigen Jahren noch eine wahre Akademikerschwemme, so fehlt es heute an qualifizierten Fachkräften an allen Orten. Das ist für den Stellen suchenden Akademiker ein Vorteil, weil er jetzt die Chance hat, ein besseres Gehalt auszuhandeln. Aber nach oben sind ihm Grenzen gesetzt. So wird er nie mehr verdienen, als in seiner Gehaltsstufe üblicherweise bezahlt wird. Selbst ein Professor hat nur bedingt die Chance, sein Gehalt nach oben offen zu verhandeln. Aber ob sie damit wirklich reich werden – nun, da habe ich so meine Zweifel. Denn gerade die traditionellen Berufe haben sich während

[4] Quelle: VDI, Verband deutscher Ingenieure (Wams 13.06.04)

Jahrzehnten eine Struktur geschaffen, wo man sprichwörtlich von ganz unten nach ganz oben buckeln muss. Selbst wenn man bessere Leistungen zeigt als andere Kollegen, so ist eine Beförderung nie sicher. Viele Faktoren und oft auch alte Seilschaften beeinflussen die eigene Karriere. Jeder ist bekanntlich seines eigenen Glückes Schmied. Sprichwörter gehen einem immer schnell von der Hand und nur wenige ahnen, was genau damit gemeint ist. Wer erkannt hat, dass nur er allein für seine Situation verantwortlich ist, hat den ersten Schritt in Richtung Erfolg unternommen. Er wird dann auch auf der Bühne des Erfolges stehen können und einen Scheck annehmen, dessen Summe höher ist als das Jahresgehalt eines Abteilungsleiters.

(Im Bild von links nach rechts: Friedhelm Rücker, Andrea und Jörg Wittke und Rex Maughan)

Die Macht der Entscheidung

„Erfolgreiche Menschen sind erfolgreich, weil sie das tun, was Durchschnittsmenschen nicht tun!“

Henry Ford

Der Weg zum Erfolg ist alles andere als eine Einbahnstraße. Wie bei den meisten erfolgreichen Menschen, so verlief auch mein Weg nicht gradlinig. Ich habe vieles durchmachen müssen, bevor ich meine heutige Position erreichte. Als Hauptschüler begann ich eine Ausbildung zum Groß- und Außenhandelskaufmann, die ich erfolgreich beendete. Danach verpflichtete ich mich für vier Jahre bei der Bundeswehr. Auch ich mache keinen Hehl daraus, dass mehr die Sicherheit und weniger das Interesse im Vordergrund stand. Ich unterscheide mich da sicher nicht von anderen Menschen. Es gibt kaum jemanden, der nicht nach Sicherheit strebt. Doch die Sicherheit ist nur eine Illusion. Wer, so wie ich, immer schon den Drang verspürte, etwas Tolles im Leben zu leisten, wird bei der Bundeswehr nicht sehr alt. Außerdem widerstrebte es mir, Befehle von Menschen anzunehmen, die sich allein durch die Dienstgradabzeichen auf ihren Schulterklappen qualifizierten. Und so stand ich dann auch nach vier Jahren wieder auf der Straße. Ich hatte zwar eine Ausbildung in der Tasche, aber mir fehlte die Berufserfahrung, die einige potentielle Arbeitgeber erwarteten. Also entschied ich mich, als Handelsvertreter zu arbeiten. Dieser Beruf war sehr reizvoll. Zum einen war ich so etwas wie mein eigener Chef und zum anderen konnte ich durch meinen Einsatz die Höhe meiner Einnahmen selbst bestimmen. Das ist ein wesentlicher Unterschied zu allen klassischen Angestelltenjobs. Hier bekommt man am Monatsende immer seinen gleichen Gehaltsscheck. Egal, ob man viel oder wenig gearbeitet hat. Das System ist für erfolgsorientierte Menschen ungerecht. Es bestraft die Fleißigen und belohnt die Faulen. Es ist leicht, die Missstände anzuprangern, schwer dagegen, sie zu verändern. Ich gehöre nicht zu den Menschen, die nur jammern und nie handeln. Ich weiß, dass ich bei mir selbst anfangen muss, wenn ich etwas ändern will. Nur ich allein habe die Macht und die Chance, Dinge, die mir nicht gefallen, sofort zu verändern. Das war mir von Anfang an klar. Deshalb war der Angestelltenjob nichts für mich, und ich wechselte in die Selbstständigkeit. Ich arbeitete fortan selbst und ständig. Zunächst verkaufte ich Büromaschinen, dann Inserate und Anzeigen sowie Sicherheitstüren, Kamin- und Heizungsbausätze. In den meisten Fällen schaffte ich nach drei Monaten den besten Umsatz aller Handelsvertreter. Mein Ehrgeiz war ungebrochen und ich arbeitete wie ein Verrückter. Der Lohn war die Anerkennung durch meine Vertragsfirmen, was sich aber nicht wirklich auf den Provisionsschecks widerspiegelte. Ich verdiente nicht selten weniger als 2.000 Euro. Angesichts des gewaltigen Arbeitseinsatzes ein Hungerlohn. Das war auch der Grund, weshalb ich öfter die Firmen wechselte und heute dieses und morgen jenes verkaufte. Übrigens, wenn man sich für eine Verkaufsaufgabe bewirbt, dann fragen nur die wenigsten Arbeitgeber nach einem Lebenslauf und bisherigem Werdegang. Sie interessieren sich nur für Ihre Fähigkeiten und Ihr Auftreten. So wie hier sprichwörtlich die Chemie stimmt, kommt es relativ schnell zu einem Arbeitsvertrag. Dieser Vorteil hat auch einen gewaltigen Nachteil. Wenn Sie einen schlechten Job machen, sind Sie genauso schnell wieder draußen. Sicherheiten gibt es nicht.

Ich hatte schon immer netto verdient, aber brutto gelebt. Also immer mehr ausgegeben, als ich verdiente. Aus dieser Zeit ist mir ein Zitat in guter Erinnerung:

> *„Ich lebte permanent über meine Verhältnisse, aber noch immer weit unter meinem Niveau.“*

Spaß beiseite. Über Schulden gibt es wirklich nichts zu lachen. Wer einmal ganz unten war, weiß, wovon ich rede. Schulden sind eine ganz ernste Sache und sollten nie bagatellisiert werden. Die Gläubiger gehen gerade in heutiger Zeit immer stärker gegen Schuldner vor. Nicht selten müssen immer mehr Schuldner ins Gefängnis. Allein in Hamburg, der Stadt mit den meisten deutschen Millionären, stieg im Jahre 2003 die Zahl der Schuldner, die einen Offenbarungseid ablegten, um mehr als 27,5 Prozent gegenüber dem Vorjahr.[5]

Ein System, das mehr ausgibt, als es einnimmt, ist natürlich zum Scheitern verurteilt. Auch bei mir stellten sich so langsam ernste Bedenken ein. Nicht nur, dass ich für den Augenblick Probleme hatte. Nein, ich stellte mir immer wieder die bange Frage, wie ich denn wohl eines Tages meinen Lebensabend verbringen wollte. Denn bisher war es so, dass ich nur dann Geld erhielt, wenn ich auch etwas verkaufte. Mir fehlte ein so genanntes passives Einkommen. Als Selbstständiger ist man darüber hinaus von der Rentenkasse befreit. Man kann zwar freiwillig einzahlen, was aber angesichts der schlechten Verzinsung nur die wenigsten Unternehmer machen. Was also auf den ersten Blick gut aussieht, entpuppt sich bei näherer Betrachtung als Handicap. Denn die Befreiung von der Rente führt in der Regel dazu, dass nur die wenigsten Selbstständigen privat vorsorgen. Mit dreißig Jahren schon an die Rente zu denken, ist für die meisten Menschen noch sehr weit weg. So auch bei mir. Ich hatte zu der Zeit weiß Gott andere Gedanken im Kopf als meine Rente. Viel näher liegender war der Gedanke, was passieren würde, wenn ich in einen Verkehrsunfall verwickelt werden würde. Außendienst heißt immer sehr viel fahren und das nicht nur auf Autobahnen, sondern auch auf stark befahrenen Bundesstraßen. Meine Verkaufsgebiete waren immer sehr groß, so dass ich einen Großteil meiner Zeit mit dem Fahren zu den einzelnen Kundenterminen verbrachte. Auch hier griff das Pareto-Prinzip: 80 % meiner Zeit saß ich im Auto, um von Termin zu Termin zu fahren, und nur 20 % der Zeit verbrachte ich bei den Kunden. Das geht nach Jahren an die Substanz und erste Rückenbeschwerden stellten sich ein. Dann schoss mir in den Sinn, was eigentlich aus meiner Familie werden würde, wenn ich eines Tages mal gegen einen Baum krachte? Wie sollte es weitergehen, wenn ich diesen Crash nicht überleben oder aber im Rollstuhl sitzen würde? Fragen über Fragen, die mich damals schlaflose Nächte kosteten.

[5] Die Welt, 17.05.04

Heute weiß ich, dass 90 Prozent unserer Sorgen nie eintreffen werden. So soll auch der bekannte amerikanische Schriftsteller Mark Twain auf dem Sterbebett gesagt haben: *„Ich hatte mein ganzes Leben viele Probleme und Sorgen. Die meisten von ihnen sind aber niemals eingetreten."* Als junger, unerfahrener Mensch sieht man die Dinge doch immer etwas anders. Denn zu dieser Zeit ging es mir alles andere als sehr gut. Ich lebte mit meiner Frau und unserer Tochter in einer Sozialwohnung. Ja, Sie haben richtig gelesen. Ich lebte in einem Mehrfamilienhaus mit Menschen, die wir gemeinhin als Sozialfälle bezeichnen. Was aber nicht heißt, dass es schlechtere Menschen sind. Aber sie leben halt irgendwie anders und das spürt man. Doch aufgrund der unterschiedlichen Einkommenshöhen war es mir nicht möglich, eine teure und bessere Wohngegend auszusuchen. Wie gesagt, in Zeiten höherer Provisionseinnahmen wäre es kein Problem gewesen, die Miete zu zahlen. Aber die guten Zeiten wechselten sich sehr häufig mit den schlechteren Zeiten ab, in denen das Geld knapper war. Also lebte ich weiterhin in einer Sozialwohnung mit Wohnberechtigungsschein! Teilweise war das Geld so knapp, dass ich mir von meinen Eltern 2.500 Mark leihen musste, um überhaupt über die Runden zu kommen. Ich empfand diese Situation als demütigend. Mit achtzehn Jahren zog ich aus dem Elternhaus, weil ich meinen Eltern beweisen wollte, dass ich es besser konnte als sie. Ja, ich fühlte mich stark. So stark, dass ich glaubte, die Welt verändern zu können. Ich wollte es allen zeigen und beweisen, dass jeder alles schaffen kann. Sie können sich vorstellen, wie einem zumute ist, wenn man dann nach einigen Jahren als Bittsteller vor seinen Eltern steht und um ein Darlehen bittet. Wenn Sie so etwas noch nie erlebt haben, wünsche ich es Ihnen auch nicht. Meine Situation verbesserte sich erst, als ich als Handelsvertreter Alarmanlagen und Videoüberwachungssysteme verkaufte. In Spitzenmonaten verdiente ich manchmal bis zu 20.000 Euro. Mein Lebensstandard verbesserte sich schlagartig. Ich zog aus der Sozialwohnung aus und baute unser erstes gemeinsames Haus. Als nächstes kaufte ich mir einen Mercedes der S-Klasse und gönnte mir mit meiner Familie öfter einen Urlaub. Doch die Existenzängste blieben. Sie wurden eigentlich noch schlimmer. Aus der ursprünglichen „Was wird eigentlich, wenn ich gegen den Baum fahre - Problematik“ heraus, sorgte ich mich nun um mein Einkommen, wenn ich krankheitsbedingt ausfallen sollte. Denn inzwischen war unser Lebensstandard so angestiegen, dass ich diesen um jeden Preis erhalten wollte. Ich sah ihn stark gefährdet, weil ich bisher allein für mein Einkommen sorgte. Mir war klar, dass mein Tag nur vierundzwanzig Stunden hatte und ich mich natürlich nicht vierteilen konnte. Ich hatte mein ganzes Leben bisher provisionsabhängig gelebt. Machte ich einen guten Job, verdiente ich viel, arbeitete ich dagegen weniger, fielen auch die Provisionsschecks geringer aus. Wenn ich wegen Urlaub oder Krankheit einige Wochen nicht richtig arbeiten konnte, verschlechterte sich spürbar das Einkommen. Mir war klar, dass ich diese Situation ändern musste. Doch das „Wie“ blieb mir noch verborgen. Ich fragte mich immer wieder, wie ich als Handelsvertreter eine dauerhafte Einkommensquelle erschließen sollte. Dieser Gedanke ließ mich nicht mehr los. Ich studierte nun noch länger und intensiver die Zeitung. Deshalb stieß ich eines Tages auf eine Anzeige einer Firma, die in provozierenden Worten anprangerte: „Bis zu 1 Millionen Mark im Jahr verdienen unsere Spitzenleute in Europa.“ Das löste bei mir schon Interesse aus, aber so richtig glauben konnte ich es nicht. Aber ich wählte die angegebene Telefonnummer und sprach mit einem gewissen Jürgen H. über die Verdienstmöglichkeiten bei dieser Firma. Jürgen erklärte mir das System und meinte dann, ich sollte am besten auf ein Wochenendseminar kommen. Da würde ich dann alles Weitere erfahren. Das Seminar fand in einem Hotel in Weinheim statt und kostete 280 Euro. Ich willigte ein und so fuhr ich mit meinem S-Mercedes nach Weinheim. Als ich dann auf den Parkplatz fuhr, erschrak ich. Dort standen mehr als fünfzig Autos, alle mit dem Aufkleber: „I love …“. Ich dachte mir nur, was das denn für Idioten sind, die sich einen derart unästhetischen Aufkleber an ihre schönen Autos pappten. Ich hatte die Hotelhalle noch gar nicht betreten, da war mein Interesse an diesem 2-Tagesseminar auf dem Nullpunkt. Heute muss ich über mich selbst lachen. Wie naiv war ich damals, den Wert einer Veranstaltung von irgendwelchen Aufklebern abhängig zu machen. Aber was soll´s. Damals war ich gedanklich noch nicht so weit. Ich blieb, packte den Koffer unter meinen Arm und schritt mutig in die Hotelhalle und traf dort dann die anderen Seminarteilnehmer. Ich erlebte eine gute Veranstaltung, und meine anfängliche Skepsis war verloren. Nach diesen zwei Tagen fuhr ich mit meiner S-Klasse vom Hof. Auf dem Heck klebte „I love …“, ganz im Sinne Konrad Adenauers, der einmal sagte: „Niemand hindert mich daran, klüger zu werden!“ Es waren weniger die Produkte, die mich faszinierten. Es war vielmehr das dahinter stehende Vertriebssystem. Aber die Vertriebsstrategie, die diese Firma für Nahrungsergänzung vorstellte, war so interessant, dass ich nächtelang nicht schlafen konnte. Als gestandener Vertriebsmann hatte ich sofort erkannt, dass hier ein System angeboten wurde, das ich immer gesucht hatte. Es war quasi die Lösung meiner Sorgen und Existenzängste. Obwohl ich nicht ernsthaft daran glaubte, diese Produkte wirklich verkaufen zu können, besuchte ich weiterhin Seminare und baute mir eine kleine Vertriebsgruppe auf. Das Ganze lief zunächst nebenberuflich, und ich investierte so gut wie keine Zeit. Denn schließlich hatte ich ja noch meinen Job als Handelsvertreter für Alarmanlagen. Nach vier Monaten nebenberuflicher Tätigkeit in dem Network-Unternehmen stieg ich aus, bekam noch 2000 Euro und die Ära in dieser Firma war beendet. Doch der Network-Virus war in mir eingepflanzt, und wer sich ihn einmal eingefangen hat, wird davon nie wieder richtig loskommen. Deshalb suchte ich dringend nach einer neuen Herausforderung im Network-Bereich und stieß dann durch Zufall auf eine Schmuckfirma. Wobei ich unterstreichen möchte, dass es für mich keinen Zufall gibt. Es fällt uns immer nur das zu, wofür wir die Ursache gesetzt haben. Ein chinesisches Sprichwort sagt: *„Glück, Erfolg und Wohlstand sind keine Zufälle, sondern die Früchte richtigen Handelns zum richtigen Zeitpunkt.“* Insofern war mein Kontakt zu dieser Schmuckfirma kein Zufall. Im Gegenteil. Das Unternehmen entwickelte und produzierte exklusiven, hochwertigen Designer-Schmuck. Der Hauptsitz war England. Die Firma wurde durch ein deutsches Management geführt. Das Unternehmen expandierte, unter anderem auch nach Deutschland. Hierin erkannte ich eine große Chance für mich. Ich war bereit, alles zu geben. Schließlich wusste ich durch meine Aktivitäten bei der Nahrungsergänzungsfirma, wie man eine Struktur aufbaut. Darüber hinaus verfügte ich als Handelsvertreter über ausreichende Vertriebserfahrungen. Ich gab meinen Job als

Verkäufer für Alarmanlagen und Videosysteme auf und widmete mich fortan ganz der Aufgabe bei der Schmuckfirma. Bis hierher habe ich eines gelernt. Man kann nur Erfolg haben, wenn man sich wirklich um nichts anderes mehr kümmert. So wie eine Frau schwanger oder nicht schwanger ist. Ein bisschen schwanger gibt es nicht. Entweder will man seinen Erfolg, dann bekommt man ihn oder aber man will ihn nicht. Ein bisschen Erfolg gibt es nicht. Wenn auch Sie vor großen Entscheidungen stehen, sollten Sie sich immer für einen Weg entscheiden. Ich kenne viele erfolgreiche Menschen, die standen sprichwörtlich vor dem Nichts. Sie hatten nicht einen Cent mehr. Mit anderen Worten: Sie standen mit dem Rücken zur Wand. Das ist insofern gut, weil es in dieser Situation nur einen Weg gibt: Geradeaus und weg von der Wand, denn dahinter geht es nicht weiter. Deshalb schaffen diese Menschen den Weg ganz nach oben. Andere Menschen, die mehr auf Sicherheit und weniger auf Erfolg setzen, haben es dagegen sehr viel schwerer. Sie haben ihren Arbeitsplatz und suchen sich einen Nebenberuf, um hier noch ein „bisschen“ zu verdienen. Grundsätzlich ist dagegen nichts einzuwenden, weil man so die Chance hat, fast ohne Risiko etwas Neues auszuprobieren. Doch leider bleibt es bei den meisten Menschen beim Ausprobieren. Sie strengen sich nicht wirklich an, weil sie ja ihren Hauptjob haben. Ich wünsche Ihnen nicht, dass Sie erst mit dem Rücken zur Wand stehen, um vom Leben eine neue Chance zu erhalten. Ich wünsche Ihnen aber den Mut, eine Entscheidung zu treffen und diese in den nächsten Monaten mit aller Kraft zu vertreten. Dann werden Sie Erfolg haben. So wie ich. Nach nur vier Jahren bei der Schmuckfirma hatte ich eine Struktur von mehr als 23.000 aktiven Mitarbeitern aufgebaut. In Spitzenmonaten verdiente ich bis zu 90.000 Euro. Allerdings arbeitete ich rund um die Uhr. Ursprünglich wollte ich nur Deutschland aufbauen, doch mit den Jahren baute ich auch in Österreich, in der Schweiz und Italien Strukturen auf. Auf dem Höhepunkt meines Erfolges bekam die Firma das Wachstum meiner Organisation nicht mehr in den Griff. Das Management der Firma machte immer mehr Fehler. Dadurch litt die Qualität der Produkte. Unter diesen Gesichtspunkten verlor ich immer mehr Mitarbeiter und Strukturen. Doch damit nicht genug. Um Geld zu sparen, wurde immer weniger produziert, was logischerweise zu Lieferengpässen führte. Wenn aber nicht geliefert wird, kann auch nicht verdient werden und so verließen immer mehr und vor allen Dingen gute Mitarbeiter das Unternehmen und meine Struktur. Ich konnte es ihnen nicht einmal verübeln, denn niemand arbeitet gern umsonst. Ich versuchte noch, mit aller Kraft die Situation zu verbessern. Aber es half nichts. Die Unterstützung aus England ließ auf sich warten und mein Einkommen sank mit jedem Monat. Auch ich sah schlussendlich keinen anderen Weg, als die Firma zu verlassen. Ich mache so etwas nicht gern. Gerade, wenn man, so wie ich, gekämpft und alles gegeben hat, ist das eine sehr schmerzhafte Entwicklung. Doch auf bessere Zeiten zu setzen, wäre genauso schmerzhaft gewesen. Dann doch lieber ein Ende mit Schrecken als ein Schrecken ohne Ende. Man muss der Wahrheit ins Auge sehen und entschlossen handeln. Alles andere kommt einem Untergang gleich. Meine Entscheidung war richtig. Nur sechs Monate nach meiner Kündigung musste das Unternehmen Konkurs anmelden und damit starb auch meine Hoffnung, die noch ausstehenden Provisionen zu bekommen. So verlor ich mehr als 500.000 Mark.

Einen solchen Betrag verdienen viele Menschen im ganzen Leben nicht. Es ist bitter, gearbeitet zu haben, und am Ende mit leeren Händen dazustehen. Doch Erfolg und Misserfolg liegen sehr eng beieinander. Es gibt keine Sicherheit im Leben. Auch die Natur ist nicht auf Sicherheit ausgelegt. Jeder Baum, jede Pflanze und jedes Tier kommt fast ohne Sicherheitspuffer auf die Welt. Tiere haben einen Instinkt und können sich vor Gefahr schützen, aber eben nicht immer. Könnten Fische, Hühner oder Schweine reden, würden sie es uns bestätigen. Auch Pflanzen werden abgemäht und Bäume gekappt. Es ist doch komisch, dass ausgerechnet der Mensch glaubt, er habe ein Anrecht auf automatische Sicherheit. Das ist eine Illusion. Aus meiner Sicht gibt es nur einen Augenblick, den Sie leben können: Jetzt! Wenn Sie es schaffen, den heutigen Tag gut zu leben, dann haben Sie im Leben alles erreicht. Gestern ist Vergangenheit und wir können es nie mehr zurückholen. Morgen gibt es nicht. Morgen ist eine Illusion.

Es gibt drei Dinge im Leben, die kann man nicht zurückholen:

1. den abgeschossenen Pfeil
2. das gesprochene Wort
3. eine verpasste Chance

Was bleibt, ist die Erinnerung. Egal, was Sie getan oder gesagt haben, es ist vorbei. Sie können nichts ungeschehen machen. Auch das Morgen liegt in weiter Ferne, unerreichbar. Morgen ist die Zukunft, und wir alle wissen nicht, ob es ein Morgen wirklich gibt. Was bleibt, ist also der Augenblick und nur den können wir leben. Jetzt ist also die beste Zeit. Für einen positiv gestimmten Mensch heißt es auch, immer wachsam zu bleiben, das Ohr aufzustellen und die Nase immer im Wind zu halten, um gute Chancen als erstes zu erkennen und zu nutzen. Wer mit Scheuklappen durchs Leben läuft, darf sich nicht wundern, wenn er am Ende überfahren wird. Wirtschaftliche Rückschläge erfassen uns eigentlich nie so richtig völlig unverhofft. Auch ich erkannte bei der Schmuckfirma sehr schnell, dass sich etwas ändern musste, wollte diese Firma dauerhaft überleben. Nun kann man diesen Umstand bejammern oder aktiv dagegen vorgehen. Ich sprach mit dem Management und setzte sprichwörtlich alle Hebel in Bewegung, um das Rad noch einmal herumzuschlagen. Wenn man aber erkennt, dass die entsprechende Unterstützung aus dem Management fehlt, dann ist es an der Zeit, sich nach neuen Ufern umzusehen. Ich flog deshalb nach San Francisco, um mir eine Präsentation anzuschauen, von der ich gehört hatte, dass sie alles Bisherige in den Schatten stelle. Ich wurde nicht enttäuscht. Allein der Veranstaltungsort war schon eine Superlative. Ich rechnete mit einigen hundert Menschen, stattdessen aber waren an diesem Abend mehr als 5.000 Menschen anwesend. Dabei handelte es sich um eine ganz normale Wochenveranstaltung. So etwas hatte ich zuvor noch nie gesehen und ich war begeistert. Noch mehr aber faszinierte mich die vorgestellte Vertriebsform. Bisher kannte ich den klassischen Strukturvertrieb. An diesem Abend hörte ich das erste Mal im Leben von der Vertriebsform des Konsumenten-Netzwerkes. Ich erkannte sofort, dass dieses der Schlüssel zum dauerhaften Reichtum und zu einem Leben im Wohlstand war. Network-Marketing ist der goldene

Vertriebsweg. Der Konsumentenvertrieb ist, um beim Vergleich zu bleiben, der Platin-Weg. Das ist die Zukunft. Ich musste nur noch das richtige Produkt finden. Denn das dort vorgestellte Produkt eignete sich leider nicht für den Vertrieb in Europa, es war eher für den nordamerikanischen Markt konzipiert. Unter dem Eindruck dieser Veranstaltung flog ich nach Deutschland zurück und ließ ab sofort nichts mehr unversucht, die Gunst der Stunde zu nutzen, um das richtige Produkt für mein Konsumenten-Netzwerk zu finden. Doch ich sollte noch einige Jahre warten müssen, bis es endlich soweit sein sollte. Alles im Leben hat seine Zeit. Wenn die Zeit reif ist, werden sich die Dinge so entwickeln, wie sie uns nützen, vorausgesetzt, man verbringt die Zeit bis dahin sinnvoll und aktiv. Wir sind es, die unsere Zukunft gestalten. Auch Sie können jetzt Ihre Zukunft in die Hand nehmen und die Weichen für morgen stellen. Doch dafür müssen Sie jetzt handeln und nicht morgen.

Ich habe vor einigen Jahren einen alten Sanskrit Spruch aus dem 7. Jh. vor unserer Zeitrechung gelesen und fand genau darin diese meine Worte bestätigt:

> *„Achte gut auf diesen Tag, denn er ist das Leben. Das Leben allen Lebens. In seinem kurzen Ablauf liegt alle Wirklichkeit und Wahrheit des Daseins; die Wonne des Wachsens, die Größe der Tat. Denn das Gestern ist nichts als ein Traum und das Morgen nur eine Vision. Das Heute jedoch recht gelebt, macht jedes Gestern zu einem Traum voller Glück und jedes Morgen zu einer Vision voller Hoffnung. Darum achte gut auf diesen Tag!"*

Nach meiner Zeit in der Schmuckfirma fand ich eine neue Herausforderung bei einer amerikanischen Telefongesellschaft. Nachdem das Telefonmonopol der Telekom gebrochen war, kam diese Firma mit einem interessanten Konzept auf den deutschen Markt. Das amerikanische Stammhaus startete mit einem gewaltigen finanziellen Volumen in Deutschland, und ich war von Anfang an dabei. Nach nur sechs Monaten hatte ich eine Struktur von mehr als 20.000 Mitarbeitern aufgebaut. Das war ein sensationelles Ergebnis und es zeigt, zu was wir Menschen fähig sind. Auch Sie! Vorausgesetzt, Sie wollen es wirklich! Schnell knüpfte ich an meine alten Erfolge an. Doch dann passierte etwas, war mir irgendwie bekannt vorkam. Das amerikanische Unternehmen musste Konkurs anmelden. In der Folge wurde dann auch das deutsche Unternehmen insolvent. Wieder stand ich mit leeren Händen da. Gearbeitet und geschuftet wie ein Berserker und wieder alles für die Katz. Wieder musste ich einen Großteil meiner letzten Provisionen abschreiben. Ohne mich selbst beweihräuchern zu wollen, aber viele Menschen hätten in dieser Situation resigniert und lieber die Füße auf den Tisch gelegt, als nochmals durchzustarten. Aber genau das ist der Unterschied zwischen dem Erfolglosen und dem Erfolgreichen. Der ErfolgREICHe ist REICH an Erfahrung und lernt Stück für Stück, wie es nicht geht, um es dann beim nächsten Mal noch besser zu machen. Das schützt ihn sicher nicht vor weiteren Verlusten, aber mit jedem Schritt kommt er seinem großen Ziel, der finanziellen Unabhängigkeit, näher. Der ErfolgLOSe resigniert dagegen und gibt auf. Er ist nicht mehr bereit, weiter zu arbeiten. Er zieht keinen Nutzen aus seinen Erfahrungen. Er bejammert sein Schicksal als schlechtes LOS und glaubt, sein Leben ähnelt einer Lotterie, in der es nur Nieten hagelt und er ein Abo auf diese Nieten hat. „Euch geschehe nach Eurem Glauben" hat schon Jesus gesagt. Auch der römische Kaiser Marc Aurel sagte: „So wie die Gedanken sind, so ist auch der Charakter; denn die Seele wird von Gedanken geprägt." Ich lebe nach dem Motto von Henry Ford, dem legendären Autobauer, der weiß Gott einige herbe Rückschläge verkraften musste, bis aus ihm einer der erfolgreichsten Autobauer wurde. Er sagte einmal:

> *„Erfolg besteht darin, dass man genau die Fähigkeiten hat, die im Moment gefragt sind."*

Hinfallen ist nie eine Schande, vorausgesetzt, Sie stehen wieder auf. Natürlich musste ich nach der zweiten Firmenpleite erst einmal meine Wunden lecken. Aber das Wort „aufgeben" hatte ich schon vor Jahren aus meinem Wortschatz gestrichen. Bereits nach einigen Monaten sprach mich ein alter Bekannter aus der Zeit bei der Schmuckfirma an und erzählte mir von einer großartigen Chance bei einem thailändischen Schmuckproduzenten. Er suchte einen Partner, weil er wusste, dass die Aufgabe zu zweit am besten zu lösen ist und so entschloss ich mich, mit ihm gemeinsam zu starten. Ja, auch hier schafften wir es, eine große Struktur aufzubauen. Nach nur anderthalb Jahren waren mehr als 17.000 Mitarbeiter in unserer Struktur aufgestellt. Ich fand zu meinen guten alten Einkommenszeiten zurück und verdiente nicht schlecht.

Ahnen Sie, was nun passierte? Genau, auch dieses Unternehmen stellte von heute auf morgen den Vertrieb seiner Produkte ein. Durch die Aktienkrise in Fernost hatte die Muttergesellschaft sehr viel Geld verloren und die Banken forderten einen Teil der Ausfälle zurück. Um diese Auflagen zu erfüllen, war das Unternehmen gezwungen, einzelne Bereiche aufzugeben, um sich zu konsolidieren. Die Entscheidung fiel zu Ungunsten des Network-Vertriebes aus. Die Firmenleitung entschied, sich ganz aus diesem Bereich zurückzuziehen. Leider war Deutschland der Markt, den das Unternehmen weltweit als erstes schloss. Diese Entscheidung konnte ich nicht nachvollziehen. In dieser Situation fragte ich mich, ob auch ich ein Abo auf derartige Entwicklungen hatte. Aber ich sagte mir, dass der Schmerz schon nachlassen wird. Wenn man immer wieder auf dieselbe Stelle geschlagen wird, dann lässt der Schmerz automatisch nach. Ist so eine Redensart und sollten Sie bitte nicht ausprobieren. Doch wenn Sie sich öfter am selben Finger verletzen, wird die Hornhaut an dieser Stelle dicker als an den übrigen Stellen. Das hat die Natur so vorgesehen, um uns noch besser zu schützen. Also musste auch ich irgendwann ein sprichwörtlich so dickes Fell bekommen, dass mich derartige Entwicklungen kalt ließen. Bis jetzt war mein Wunsch auf ein dauerhaftes eigenständiges Einkommen nicht erfüllt worden. Genau das aber war ja mein Ziel, ansonsten hätte ich ja weiterhin als Handelsvertreter allein arbeiten können. Bis zu diesem Zeitpunkt hatte ich zwar wesentlich mehr Geld verdient als sonst, aber keine finanzielle Unabhängigkeit erreicht. Aber ich wollte mich nicht unterkriegen lassen und ich machte weiter, nach dem amerikanischen Prinzip „Play full out", was soviel bedeutet wie:

„Heute will ich alles geben!“ Auch wenn mir klar war, dass ich diese meine Ziele noch nicht erreicht hatte, so war mir auch klar, dass nur ich allein daran arbeiten konnte. Wir können im Leben wirklich alles erreichen, wenn wir uns im Denken dazu für fähig halten. Wichtig ist, dass wir in uns die Gewissheit haben, jedes Ziel zu erreichen. Jeder Gedanke von uns hat das Bestreben, sich zu entfalten. Je stärker wir von unseren Gedanken überzeugt sind, desto größer sind deren Tendenzen, sich zu verwirklichen. Im besonderen Maße kommt dabei zum Tragen, mit welchen Gefühlen wir diese Gedanken aufladen. Energievolle positive Gedanken führen zu positiven Ergebnissen. Negative Gedanken arbeiten leider mit der gleichen Genauigkeit. Gefühle der Angst erzeugen zweifelsohne Angstzustände. Unser Leben ist also entscheidend davon abhängig, mit welchen Gedanken wir uns tagtäglich umgeben. Jeder ist für seinen eigenen Kopf verantwortlich. Genau hier im Kopf beginnen die Veränderungen. Deshalb sind die 15 Zentimeter zwischen unseren Ohren die mit Abstand wichtigste Strecke auf dem Weg zu Ihrem Erfolg:

Unsere Gedanken helfen uns auch, die Fehler der Vergangenheit zu vermeiden und daraus zu lernen. Wichtig ist nur, dass wir genügend Abstand bekommen zwischen den einzelnen Entwicklungen. Deshalb war es auch für mich an der Zeit, nicht gleich wieder das erstbeste Angebot anzunehmen, sondern gewissenhaft zu überlegen, wie ich aufgrund der fundamentalen Erfahrungen das Beste daraus machen könnte. Ich nahm mir eine Auszeit, um meine Ziele zu definieren. Alles beginnt mit einer realistischen Planung. Darüber hinaus schaute ich mir fast alle Network-Firmen in Deutschland an. Denn es gab ja Networker, die verdienten dauerhaft viel Geld, und sie waren über Jahre in derselben Firma tätig. Bei genauer Recherche fiel mir auf, dass mein bisheriger Ehrgeiz darin bestand, Nobody-Firmen oder Firmen, die neu auf den deutschen Markt kamen, groß zu machen. Das ist mir ja auch immer gelungen. Doch der Erfolg war aus verschiedenen Gründen nicht von Dauer. Ich hatte in diesen Unternehmen die Saat gelegt, die schnell aufging, was sich in der Anzahl der Mitarbeiter und meinem Einkommen ausdrückte. Doch bevor ich die ganz große Ernte einfahren konnte, schloss das Unternehmen die Pforten und mein Ertrag schmolz wie Butter in der Sonne. Das war insofern immer sehr bitter, weil ich sieben Tage die Woche geackert hatte, um weiterhin im landwirtschaftlichen Vergleich zu sprechen, ein eigenes Büro unterhielt und auch sonst nicht gerade wenig Kosten hatte, wenn es um die Ausbildung der Mitarbeiter ging.

Trotz dieser Entwicklungen war ich nicht bereit, kampflos das Feld zu räumen und der Network-Marketing-Welt den Rücken zu drehen. Zugegeben, eine solche Entscheidung ist nicht immer ganz einfach. Wer nicht weiß, wovon er morgen seine Kosten bezahlen soll, neigt schnell dazu, sich nach anderen Dingen umzuschauen. Mir war aber klar, dass meine Zeit noch kommen würde. Ich wollte ein Konsumenten-Netzwerk aufbauen. Das war mein Ziel und davon ließ ich nicht ab. Ich brauchte dazu nur eine stabile Firma und interessante Verbrauchsprodukte. Diese beiden Anforderungen sind die Grundlage eines jeden Konsumenten-Netzwerkes. Es ist wie mit einem Kuchen, den man backen will. Ohne Mehl und Hefe wird der Kuchen nicht aufgehen. Das beste Rezept kommt ohne gute Zutaten nicht aus. Das Rezept für einen erfolgreichen Vertrieb hatte ich im Kopf, ich musste nur noch auf die richtigen Zutaten warten, um beim Vergleich zu bleiben. Bis dahin aber wollte ich etwas tun und die Zeit nicht unnötig vertrödeln. Also suchte ich zunächst weiter und hielt gleichzeitig Ausschau nach einer Firma im klassischen Network-Marketing. Nach zahlreichen Recherchen fand ich eine französische Firma, die bereits sehr erfolgreich im deutschen Markt mit Produkten aus dem Bereich Naturkosmetik und Schmuck vertreten war. Doch bevor ich den ersten Schritt über die Türschwelle des Unternehmens setzte, erreichte mich ein Anruf des Geschäftsführers der Firma Forever Living Products, der mich für sein Unternehmen gewinnen wollte. Er sprach von Aloe Vera, einer Pflanze, von der ich zwar schon viel gehört hatte, aber nie so richtig wusste, welche Eigenschaften man ihr nachsagte. Das war mir zu dieser Zeit auch egal, denn meine Entscheidung stand fest. Ich hatte mich soeben für eine andere Firma entschieden, und davon wollte ich nun auch nicht mehr absehen. Deshalb hatte ich kein weiteres Interesse, mich mit Aloe Vera zu beschäftigen. Rückblickend betrachtet war diese Entscheidung einer der größten Fehler in meinem Vertriebsleben. Aber damals sagte ich mir, dass ich aus dem Schmuckbereich komme und von Kosmetik so gut wie keine Ahnung habe. Ja, ich glaubte damals, Aloe Vera sei so etwas wie Kosmetik und das interessierte mich nun wirklich nicht. Es kam zu keinem weiteren Gespräch. Ich startete, wie gesagt, bei der neuen Firma erfolgreich durch. Schon nach anderthalb Jahren stand meine Struktur mit mehr als 15.000 Mitarbeitern. Aber irgendwie passten die Zielvorstellungen des Unternehmens nicht so richtig zu mir, und wir trennten uns im beiderseitigen Einvernehmen.

Als ich dann bei einem überregionalen Finanzdienstleistungsunternehmen startete, schaffte ich auch hier wieder Außergewöhnliches. Nach nur sechs Monaten brachte meine Struktur mehr als 20 Millionen Euro Neugeschäft pro Monat (!) ein. Wer einmal in dieser Branche gearbeitet hat, weiß, was diese Zahl bedeutet. Erstmals sah ich, dass man auch mit „nur“ einigen tausend Beratern interessante Ergebnisse erzielte konnte. Was lange währt, wird endlich gut. Sollte man meinen. Doch weit gefehlt. Denn erstens kommt es anders als man zweitens gerade denkt, und so schloss das Unternehmen aus verschiedenen Gründen nach nur einem Jahr die Pforten.

Ich möchte bei der Wahrheit bleiben und deshalb hier offen und ehrlich zum Ausdruck bringen, dass mich die ganzen Aktivitäten der letzten Jahre ganz schön geschlaucht haben. Nach diesen ganzen Eskapaden hatte ich nun einen Punkt erreicht, an dem ich mehr müde als fit war. Natürlich verdiente ich sehr viel Geld. Aber hier darf nicht übersehen werden, dass ich dafür auch einen sehr hohen Preis gezahlt habe. Ich arbeitete sieben Tage die Woche, täglich bis zu 18 Stunden. Und immer dann, wenn ich das Gefühl hatte, es endlich geschafft zu haben, verschwanden diese Firmen, mit wenigen Ausnahmen, vom Markt. Nach dem Ausstieg bei dem Finanzdienstleister stand ich vor der Frage, ob ich wirklich wieder ganz unten anfangen wollte. Sollte ich es nochmals machen (nicht versuchen)? Die ganze Prozedur von vorne? Wieder eine Aufbauphase mit unsicherem Ausgang? Investieren und Kosten für Hotel, Anzeigen, Auto, Büro etc.?

Der Aufbau einer eigenen Vertriebsstruktur ist für mich nach wie vor das interessanteste Geschäft. Insofern war die Frage eigentlich schon beantwortet und ich entschied, noch einmal richtig durchzustarten. Auch eine Katze lässt bekanntlich das Mausen nicht. Und ich muss ja ganz ehrlich zugeben, dass ich nie schlecht verdient habe, solange die Firmen am Markt waren. Und genau das ist die Achillesferse für jeden Networker. Er kann noch so gut sein, er kann alles geben und die besten Kontakte haben. Das alles nützt ihm gar nichts, wenn dahinter nicht ein großes und vor allen Dingen solventes Unternehmen steht. Meine finanziellen Verluste hatten ja nie etwas mit meiner Arbeit zu tun. Ich habe immer vollen Einsatz gezeigt. Das Problem lag darin, dass die meisten Firmen nicht überlebten. Auch wenn der Networkmarkt der Boommarkt der nächsten Jahre sein wird, brauchen Unternehmen sehr viel Geld, um sich einen Namen zu machen. Die Produkteinführung und der Aufbau eines funktionierenden Vertriebes sind eine große Aufgabe und sehr kostspielig. Wer die entsprechenden Fachzeitschriften aufmerksam liest, wird gesehen haben, dass in den letzten Jahren mehrere hundert Network-Firmen auf dem europäischen Markt gestartet sind und kein Dutzend davon überlebte. Viele Unternehmer unterschätzten einfach Kosten und Aufwand. Sie mussten deshalb früher als erwartet die Segel streichen. Wer aber auf ein solches Unternehmen gesetzt hat, steht am Ende genauso mit leeren Händen da. Um für immer ein dauerhaftes Einkommen zu erhalten, ist daher die Substanz der Firma unabdingbar und von größter Wichtigkeit. Denn nur, wenn diese Firma dauerhaft überlebt, kann sie mir ein dauerhaftes Einkommen garantieren. Mir war klar, dass ich nur noch ein Unternehmen finden musste, das diese Voraussetzungen erfüllte, alles andere ließ sich dann schon regeln. Mir ist heute ein Unternehmen lieber, das langsam, dafür aber beständig wächst und noch in zwanzig Jahren am Markt aufgestellt ist, als ein Unternehmen, das schnell wächst und bereits nach drei Jahren wieder verschwunden ist. Heute weiß ich, dass es auch beim Einkommen besser ist, langsam und beständig zu wachsen, als schnell mit unsicherem Ausgang.

Ich nahm mir Zeit und fuhr zu verschiedenen Firmen, um mir deren Struktur genauestens anzuschauen. Ich sprach mit vielen wichtigen Persönlichkeiten und löcherte sie mit meinen Fragen. Dabei konzentrierte ich mich nicht nur auf den deutschen Markt. Ich schaute mir Firmen in ganz Europa und teilweise in Amerika an. Darunter waren etablierte Firmen genauso wie Firmen, die als Newcomer in Deutschland durchstarten wollten. Hier war meine Vorsicht natürlich am größten.

Für meinen von mir geplanten, letzten großen Start legte ich mir eine Art Anforderungsprofil zurecht und definierte ein Mindestprofil, das die entsprechende Firma erfüllen musste. Darunter fielen mehrere Bedingungen:

1. Das Unternehmen produziert und verkauft Konsumprodukte
2. Das Unternehmen muss in einem Wachstumsmarkt arbeiten

3. Das Unternehmen muss über ein Alleinstellungsmerkmal verfügen
4. Das Unternehmen sollte mindestens zehn Jahre und länger am Markt vertreten sein
5. Das Unternehmen muss wirtschaftlich gesund und stabil sein

An erster Stelle interessierten mich nur Unternehmen, die Konsumprodukte produzieren und verkaufen. Das sind Produkte, die verbraucht werden. Schauen Sie die großen Konzerne wie Beiersdorf (Nivea), Maggi (Würze), Nestle (Schokolade etc.), Jacobs (Kaffee) etc. an. Alles Firmen, die teilweise schon mehr als einhundert Jahre am Markt vertreten sind und noch immer zu den Marktführern gehören. Diese Firmen verkaufen Produkte, die immer wieder nachgefragt werden, weil die Konsumenten diese Produkte verbrauchen. Natürlich können Sie behaupten, dass ein Auto auch verbraucht wird. Doch erhebt sich die Frage, in welchem Zeitraum. Verbrauchsprodukte, so wie ich sie verstehe, verbrauchen sich in einer überschaubaren Zeit. Wer heute Fertigsuppen von Maggi kauft, wird ziemlich sicher in den nächsten Tagen diese Suppen essen. Danach dürften die Suppen wieder auf dem Einkaufszettel stehen. Wer heute ein Pfund Kaffee kauft, wird, je nach Kaffeegenuss, in wenigen Wochen ein neues Pfund kaufen müssen. Die wenigsten Menschen haben eine Vorstellung davon, von welchen Größenordnungen die Rede ist. Überlegen Sie bitte einmal. Wir haben etwas mehr als 80 Millionen Einwohner in Deutschland. Wenn davon nur zehn Prozent täglich ein Pfund Kaffee kauft, sind das 8 Millionen Kaffeepakete. Selbst wenn nur ein Prozent der Deutschen täglich ein Pfund Kaffee kauft, reden wir immer noch von 800.000 Paketen. Ich glaube kaum, dass in Deutschland täglich je 800.000 Computer oder Autos, also Gebrauchsprodukte, verkauft werden. Diese gewaltigen Zahlen sind nur bei Konsumprodukten möglich. Allein der Marktführer für Hähnchenfleisch schlachtet jährlich mehr als 250 Millionen Hühner, um die Nachfrage zu befriedigen. Es werden viermal soviel Hühner geschlachtet, wie Menschen in diesem Land leben und das nur bei einem Hersteller. Diese Zahlen beweisen eindrucksvoll, über welche Mengen wir sprechen. Das wird mit keinem Gebrauchsprodukt erreicht. Ein Auto mag zwar auf den ersten Blick höhere Provisionserlöse bringen, doch sieht der Autoverkäufer diesen Kunden für die nächsten Jahre nicht wieder. Mir aber sind Kunden lieber, die ständig nachbestellen, weil sie die Produkte konsumieren. Je mehr Konsumenten ich davon habe, desto höher wird auch meine Provision sein. Das ist einfach das Gesetz der Zahl.

An zweiter Stelle meiner Anforderungsliste stand das Wachstum. Ich interessierte mich nur für Firmen, die im Wachstumsmarkt vertreten waren. Bei genauerer Betrachtung fällt auf, dass es gar nicht so viele Wachstumsmärkte gibt, wie gemeinhin angenommen. Viele Unternehmen behaupten, sie seien im Wachstumsmarkt und damit für die Zukunft gerüstet. Doch bei näherer Betrachtung bleibt davon nicht viel hängen. Wer heute noch immer Telefoneinheiten verkauft, dürfte aus meiner Sicht große Probleme bekommen. Die großen Telefongesellschaften locken immer mehr Kunden mit immer billigeren Tarifen, ganz nach dem Motto: „Geiz ist geil." Es gab auch Network-Firmen, die haben sich an Hard- und Software versucht. Heute werden selbst die teuersten Softwarepakete via Download aus dem Internet geladen, völlig legal und günstig. Die erforderliche Hardware gibt es zuhauf in großen Fachmärkten und teilweise beim Discounter. Oder denken Sie an die ganzen Videotheken in Deutschland. Wer heute einen Film sehen will, nutzt immer mehr den Rechner und schaut sich via Internet den neuesten Kinofilm an. Völlig legal und gegen eine kleine Gebühr. Der Betrag ist oft günstiger als in der Videothek und wird einfach mit der nächsten Telefonrechnung abgerechnet. Einfacher und vor allen Dingen aktueller geht es kaum noch. Diese Entwicklung verdeutlicht, wie wichtig die Auswahl der richtigen Branche ist, um Zeit und vor allen Dingen Geld zu sparen. Ich sehe nur einen Markt, der auch in den nächsten Jahren boomen wird. Das ist das Thema Wellness und Gesundheit. Ich werde im nächsten Kapitel näher darauf eingehen.

Neben einem Wachstumsmarkt erwartete ich von einem Unternehmen, dass es über ein Alleinstellungsmerkmal verfügte und nur wenige Konkurrenten ihm seine Position streitig machten. Darüber hinaus musste das Unternehmen länger als zehn Jahre am Markt vertreten sein.

Die letzte, nicht minder wichtige Anforderung an ein Unternehmen verband ich mit der Frage, wie wirtschaftlich das Unternehmen arbeitete. Gerade nach den herben Rückschlägen, die ich einzustecken hatte, interessierte mich die Liquidität des Unternehmens ganz besonders. Umsatz sagt noch lange nichts über die Marge aus. Sie können eine Millionen Euro umsetzen, wenn Sie aber für die gleiche Summe die Ware eingekauft haben, beträgt Ihr Gewinn gleich Null. Schlimmer noch. Sie produzieren einen Verlust, weil Sie ja noch die Kosten für den Verkauf der Ware zu bezahlen haben. Mitunter beschleicht mich das Gefühl, dass viele Discounter nach diesem Prinzip arbeiten, nur um Umsatz zu generieren. Ganz schlimm ist für mich die Hightech Branche. Computer, Fernseher, Digitalkameras, das alles sind Produkte, die eine gewaltige Nachfrage auslösen und für gute Umsätze sorgen. Das war es dann auch schon. Bei dem Preisverfall in der Branche bleibt am Ende fast gar nichts in den Kassen hängen.

Sie sehen, meine Anforderungen waren sehr hoch. Aber sie sind verdammt wichtig. Kein Wunder, dass es nicht viele Firmen im Network-Marketing gibt, die sich dieser Herausforderung stellen können. Es braucht daher etwas Zeit, um den richtigen Partner zu finden. Aber die Zeit nahm ich mir und ich bereue bis heute nicht meine Entscheidung, weitergemacht zu haben. Ganz im Gegenteil. Die Zeiten sind nicht leichter geworden. Die Menschen sind stark verunsichert, haben sogar Zukunftsängste. Das verwundert mich nicht, denn die Veränderungen erfolgen in immer kürzeren Intervallen. Hinzu kommen die weltwirtschaftlichen und –politischen Veränderungen, die einen Großteil der Menschen überfordern. Die Menschen suchen heute Geborgenheit und vor allen Dingen Sicherheit.

Gesundheit

„In der ersten Hälfte unseres Lebens opfern wir unsere Gesundheit, um Geld zu erwerben, in der zweiten Hälfte opfern wir unser Geld, um die Gesundheit wiederzuerlangen.“

Voltaire (1694-1778)

Gesundheit ist das höchste Gut in unserer Gesellschaft. Gesund zu sein und sich entsprechend zu verhalten, spielt für die Menschen eine immer größere Rolle. Das Meinungsinstitut Allensbach[6] fragt die Menschen im Abstand von 5 Jahren, was sie persönlich glücklich macht. An erster Stelle steht immer wieder die Gesundheit:

Pos.	Häufigste Nennung	Umfrage 1999
1.	Gesundheit	76%
2.	Glückliche Ehe/Partnerschaft	61%
3.	Eine Familie	63%
4.	Menschen, die einen lieben	54%
5.	Eine Aufgabe im Leben zu haben	45%
6.	Kinder haben	49%
7.	Beruf, der einem Freude macht	34%
8.	Erfolg im Beruf	28%
9.	Viele Freunde haben	37%
10.	Viel Geld haben	24%

Das Gesundheitsbewusstsein der Menschen nimmt seit Jahren kontinuierlich zu und das hat gleich mehrere Gründe:

1. Die Menschen werden immer älter und damit auch anfälliger gegenüber Krankheiten
2. Dramatischer Anstieg altersbedingter Krankheiten
3. Höherer Anspruch an die Lebensqualität

[6] Quelle: Allensbach-Umfrage, die im Abstand von 5 Jahren an 1.200 Personen erhoben wird

4. Explosion der Gesundheitskosten
5. Die Deutschen werden immer dicker
6. Die Zahl der Allergien steigt beständig
7. Rückzug des Staates aus dem Gesundheitssystem

Besonders der erste Punkt in meiner Aufzählung sollte nicht unterschätzt werden. Die Menschheit altert in unvorstellbarem Ausmaß. Noch nie in der Geschichte Deutschlands hat es mehr alte als junge Menschen gegeben. Der Autor Frank Schirrmacher beschreibt in seinem Bestseller „Das Methusalem-Komplott[7]" die verheerenden Auswirkungen für die Gesellschaft. Denn im Jahre 2030 werde jeder dritte Deutsche über 60 Jahre alt sein. Das wird dramatische Veränderungen mit sich bringen. Kein Sozialsystem kann wirkungsvoll funktionieren, wenn immer weniger Menschen einzahlen und immer mehr Menschen Ansprüche stellen. Schon Goethe wusste: „Keine Kunst ist´s alt zu werden; es ist Kunst, es zu ertragen." Dazu meint James Vaupel vom Max-Planck-Institut für Demografie:

> „Ein sehr langes Leben ist nicht das entfernte Privileg zukünftiger Generationen. Ein sehr langes Leben ist das Schicksal vieler Deutscher schon heute. Die Hälfte der 60jährigen Zuschauer dieser Sendung[8] wird vermutlich älter als 90. Und die Hälfte der 30jährigen Zuschauer wird vermutlich älter als 95. Ein heutzutage in Deutschland geborenes Baby schließlich hat gute Chancen, seinen hundertsten Geburtstag zu feiern, und zwar dann im 22. Jahrhundert."

Wohin diese Entwicklung führen wird, spüren wir doch schon heute. Pro Quartal verlangen die Krankenkassen eine Praxisgebühr von 10 Euro, die beim Arztbesuch fällig wird. Diese Gebühr wurde innerhalb weniger Monate erdacht und dann eingeführt. Es gingen hier keine Jahre ins Land, in denen der Bürger langsam darauf vor-

[7] Blessing Karl Verlag, ISBN-Nr. 3896672258
[8] Quelle: MDR Kulturreport v. 28.3.04

bereitet wurde, um entsprechende Rücklagen zu bilden. Inzwischen sollen Krankenhäuser nach der so genannten Fallpauschale abrechnen. Damit ist gemeint, dass die Krankenkassen die Operationskosten nun nicht mehr nach der Verweildauer des Patienten im Krankenhaus abrechnen. Die Krankenkassen setzen für jeden Krankheitsfall eine Pauschale fest und die wird nur noch gezahlt. Für eine Blinddarmoperation ist dann ganz klar definiert, wie viel das Krankenhaus dafür abrechnen darf. Bleibt ein Patient länger im Krankenhaus, weil es evtl. Komplikationen gegeben hat, dürfte dieser Mehraufwand nicht mehr abgerechnet werden. Mit anderen Worten: Die Patienten werden wie am Fließband abgefertigt und jeder kann selbst sehen, wie er am besten damit klar kommen wird. Von der Krankenkasse wird er wohl kaum eine Unterstützung erhalten. Ich bin mir absolut sicher, dass es bei diesen Einschränkungen und Mehrkosten nicht bleiben wird. Das ist aus meiner Sicht erst der Anfang. Es wird ja schon offen diskutiert, ob einer Achtzigjährigen noch eine neue Hüfte eingesetzt wird oder ob es noch „sinnvoll" ist, einem Siebzigjährigen einen Bypass zu legen. Das sind Überlegungen vieler Krankenkassen, um die Kosten in den Griff zu bekommen. Ich kann mir gut vorstellen, dass bereits in wenigen Jahren ein ganz neues Kostensystem eingeführt wird. Denkbar wäre es, dass ein Neunundsechzigjähriger noch Anspruch auf einen Bypass hat, ein Siebzigjähriger eben nicht mehr. Wenn er einen solchen benötigt, dann muss er ihn aus eigener Tasche bezahlen. Ein Blick in die Tagespresse genügt, um festzustellen, dass wir von einem solchen Zustand nicht mehr weit entfernt sind. Nur eines von vielen Beispielen, das ich dieser Tage im Rundfunk hörte. Die Krankenkassen übernehmen nicht mehr die Kosten für eine Wurzelbehandlung an den Zähnen. Wenn Sie mit Schmerzen und ohne finanzielle Mittel zu Ihrem Zahnarzt gehen, wird der Zahn gezogen und nicht mehr gerettet. Diese Entwicklung verdeutlicht, dass wir bereits heute schon eine Zweiklassenmedizin haben. Die Privatversicherten zahlen in jungen Jahren weniger in die Kasse, erhalten aber die beste Leistung. Daneben haben die Kassenpatienten zwar noch immer die beste ärztliche Versorgung aller europäischen Länder, zahlen aber im Verhältnis zum Einkommen einen nicht unerheblichen Beitrag. Dieser Beitrag steigt jährlich, die Leistungen sinken dagegen kontinuierlich.

Die auf den Weg gebrachte Gesundheitsreform verdeutlicht, dass wir erst am Anfang großer dramatischer Veränderungen stehen. Es wird erkennbar, dass kranke Menschen neben dem Leid auch noch die Kosten am Hals haben. Wurde früher fast alles bezahlt, so braucht man heute schon eine Liste mit allen Leistungsausnahmen, die eben nicht mehr von den Kassen bezahlt werden. Mit anderen Worten, so wie der Patient diese Leistung einfordert, muss er sie aus eigener Tasche bezahlen. Er hat zwei Möglichkeiten, sich davor zu schützen. Er schließt eine entsprechende Versicherung ab, die ihn viel Geld kostet, oder aber er lebt fortan gesünder und achtet mehr auf seine Gesundheit. Denn jeder kann für seine Gesundheit heute schon etwas tun. Diese Erkenntnis ist nicht neu. Doch erst in Zeiten steigender Abgaben, insbesondere auch neuer Gebühren, wie z. B. die Praxisgebühr, ändert sich das Bewusstsein der Menschen. Jetzt erst sind sie bereit, etwas zu ändern. Dabei hat schon der griechische Naturphilosoph Demokrit (460-370 v. Chr.) vor fast zweieinhalbtausend Jahren festgestellt: *„In ihren Gebeten erbitten die Menschen Gesundheit von den Göttern; dass sie die Macht dazu in sich selber tragen, wissen sie nicht. Indem sie durch Unmäßigkeit das Gegenteil bewirken, werden sie aufgrund ihrer Gelüste zu Verrätern an ihrer Gesundheit."* Doch ich sage mir, besser spät als nie, und Sie haben jetzt die besten Chancen, die 3 großen G´s in Ihr Leben zu ziehen:

1. G	=	Gesundheit
2. G	=	Geld
3. G	=	Glück

Indem Sie in den Wachstumsmarkt Gesundheit einsteigen und gleichzeitig das Vertriebssystem der Zukunft, Network-Marketing, nutzen. Network-Marketing ist dabei alles andere als ein reines Verkaufssystem.

Die Angst vor dem Verkaufen

„Wozu sich um das Leben Sorgen machen? Keiner überlebt´s."

Truman Capote

Keine Wirtschaft der Welt kommt ohne Verkaufen aus und doch löst das Wort „verkaufen" bei der Mehrzahl der Deutschen Unbehagen aus. Das überrascht, weil fast jeder Mensch sich jeden Tag verkauft. Nun gut, er verkauft keine Ware, aber er verkauft sich und seine Leistungen. So wie auch Sie jeden Morgen zur Arbeit fahren, verkaufen Sie Ihrem Chef Ihre Arbeitskraft. Ihr Chef verkauft indirekt Ihre Arbeitskraft, weil Sie für ihn ein Produkt herstellen bzw. eine Dienstleistung erbringen, die er seinen Kunden offeriert. Das Verkaufen haben wir eigentlich von Kindesbeinen an in uns. Jedes Kind versucht sich doch jeden Tag gegenüber den Eltern zu verkaufen. So wie der Vater ihm die Süßigkeit verweigert, fallen ihm tausend Argumente ein, warum jetzt der beste Zeitpunkt für eine Süßigkeit, einen McDonalds-Besuch oder Kinobesuch ist. Die Ausdauer der Kinder ist nach wie vor beeindruckend. Diese Fähigkeit scheinen wir als Erwachsene entweder zu verlieren oder aber zu ignorieren, wie sonst ist es zu erklären, dass wir in dem Begriff des „Verkaufens" mehr Probleme als Chancen erkennen? Ich will an dieser Stelle die Ursachen für dieses Verhalten nicht ergründen, weil es nicht Gegenstand des Buches ist. Aber ich denke, ein Großteil der Ablehnung lässt sich dadurch erklären, dass wir jeden Tag unendlichen Reizen ausgesetzt sind, mit denen uns etwas verkauft werden soll. Ganze Wirtschaftszweige leben davon, uns zu verführen. Das fängt schon morgens mit der Lektüre der Tageszeitung an. Neben vielen Prospekten und sonstigen Beilagen animieren dutzende von Werbeanzeigen zum Kauf. Auf dem Weg zur Arbeit hören wir dann Radio, oft einen privaten Sender, der sich durch Werbespots finanziert. An der Ampel sehen wir dann Litfasssäulen, Monitore oder sonstige Displays mit weiterer Werbung. Die Liste ließe sich unendlich weiterführen. Selbst das Nachtprogramm im Fernsehen kommt nicht ohne Werbung aus. Ob wir wollen oder nicht, wir können uns dieser Entwicklung nicht entziehen. Wir können aber lernen, damit besser umzugehen. Niemand zwingt uns, Radio zu hören oder bis spät in die Nacht durch die Fernsehkanäle zu zappen. Ich weiß, das hören viele nicht gerne. Nach einem stressigen Arbeitstag auf dem Sofa zu sitzen und sich so ganz einfach berieseln zu lassen, mag auf den ersten Blick eine interessante Alternative zu anderen Aktivitäten sein. Doch es gibt keinen unproduktiveren Ort als den Fernsehsessel. Auch ich habe mich schon dabei ertappt, mich in schlechten Tagen, die ich ja, wie Sie nun wissen, durchaus hatte, einfach nur berieseln zu lassen und in eine fiktive Welt zu flüchten. Doch das ist genau der falsche Weg. Gerade in Krisenzeiten kommt es darauf an, mutig und entschlossen weiterzumachen. Wenn man sich in diesen Momenten aufgibt und fallen lässt, ist das oft der Anfang vom Ende. Zeigen Sie mir einen erfolgreichen Menschen, der sprichwörtlich mit dem goldenen Händchen geboren wurde. Den gibt es nicht. Alle erfolgreichen Persönlichkeiten haben ihren Wohlstand im Schweiße ihres Angesichts erarbeitet. Sie haben geackert, rund um die Uhr, Tag ein Tag aus. Sie sind immer wieder hingefallen, doch sofort wieder aufgestanden, haben sich den Staub von den Kleidern geklopft und weitergemacht. Lesen Sie die Biografien erfolgreicher Menschen, ob Schauspieler, Unternehmer, Musiker oder Autoren. Sie alle haben einen steinigen Weg hinter sich und laufen jetzt auf der glatten ebenen Straße des Erfolges. Ein langer harter Weg liegt hinter ihnen und jetzt werden sie dafür belohnt.

Wenn ich Ihnen aus meinem Leben erzähle, dann nicht, weil ich damit eine Botschaft unters Volk bringen möchte. Mein bisheriges Leben war hart genug und genau das möchte ich Ihnen ersparen, zumindest für den beruflichen Teil. Deshalb habe ich dieses Buch geschrieben. Es wird Ihnen helfen, von Anfang an erfolgreich zu arbeiten und auf kostspielige Fehler zu verzichten. Darüber hinaus sollen meine Geschichten Mut machen. Sie werden immer Zeiten haben, in denen es nicht rund läuft. Dann aber heißt es erst recht Vollgas zu geben und nicht zu resignieren. Dieses Buch soll auch Ansporn sein, in bestimmten Situationen nicht die Hoffnung zu verlieren. Bekanntlich stirbt die Hoffnung zuletzt. Aus heutiger Sicht würde ich sogar meinen, dass ich mehrfach an den Rand des Untergangs gedrängt wurde. Doch ich wollte mich nie damit abfinden. Ich wollte nicht, dass andere Menschen mir sagen, was gut und was schlecht für mich ist. Das klingt überheblich, ist es aber nicht. Seien wir doch ehrlich. Sie wie ich, wir alle werden in einer Umgebung groß, in der es nur Menschen gibt, die uns sagen, was für uns richtig ist. Das fängt schon im Kindergarten an. In der Schule lernen Sie dann so wichtige Dinge wie Binomische Formeln oder Algebra und die Lehrer, die Ihnen dieses Wissen vermitteln, glauben oft, dass dieses ganz wichtig sei. Weit gefehlt. Ich möchte wirklich niemandem zu nahe treten, aber es mischen sich noch immer zu viele Leute in unser Leben ein. Selbst als Erwachsene sind wir davor nicht geschützt. Politiker aller Parteien wollen uns weismachen, dass sie die richtigen Konzepte für die Zukunft haben und wenn wir uns ihren Visionen anschließen, erleben wir den Himmel auf Erden. Wer das noch glaubt, ist selig. In Wahrheit ist doch der Wohlfahrtsstaat am Ende und kein Politiker traut sich, das wirklich zu sagen.

Wer sich, so wie ich, für einen eigenen Weg entschieden hat, wird schnell sehen, dass es eigentlich nur diesen einen Weg zur finanziellen Unabhängigkeit gibt, und das ist der Weg in die Selbstständigkeit. Natürlich gibt es auch hier große Unterschiede. Ein „normaler" Heizungsbauer, der seinen eigenen Handwerksbetrieb führt, ist auch selbstständig, doch ob er damit wirklich reich wird, wage ich zu bezweifeln. Es gilt also zu schauen, wodurch die meisten Menschen reich und finanziell unabhängig geworden sind. Sie werden sehen, dass diese Menschen mit dem Vertrieb von Konsumprodukten ihr Vermögen aufgebaut haben. In keinem anderen Bereich kann man so schnell so viel Geld verdienen. Darüber hinaus fragt niemand, woher du kommst, wer du bist und was du kannst. Als Networker hast du die Chance, auch ohne Schulbildung Großes zu leisten und sehr reich zu werden. Ich sage es hier und jetzt sehr deutlich: Ich bin mit Leib und Seele ein echter Networker und dazu stehe ich. Gleichgültig, wie andere über diesen Beruf denken. Aber Sie werden im weiteren Verlauf sehen, dass ich heute weder als Verkäufer unterwegs bin noch Sie zum Beruf des Verkäufers ermutigen möchte.

Denn wenn ich etwas verkaufe, dann ist es nie das Produkt, sondern nur die Geschäftsidee.

Grundsätzlich haben wir es mit zwei Arten von Verkäufern zu tun; dem Konsumverkäufer und dem Dienstleistungsverkäufer, wobei der Dienstleistungsverkäufer aus meiner Sicht der wirkliche Verkäufer ist. Denn der Konsumverkäufer offeriert eine Ware. Er deckt den Konsumbedarf eines Kunden. In der Regel kommt dazu der Kunde in das Geschäft des Verkäufers. Der Kunde weiß genau, was er haben möchte. Er bedient sich selbst, braucht fast keine Beratung und wenig Hilfe. Nach diesem System funktionieren die meisten Supermärkte. Am Ende zahlt der Kunde die Ware an der Kasse und verlässt das Geschäft. Bei dieser Art des Verkaufens liegt der Ausbildungsschwerpunkt des Verkäufers mehr auf der Produktseite und weniger auf der Verkaufsseite. Ein typisches Verkaufsgespräch konzentriert sich auf einige wenige Sätze, die sehr einfach zu lernen sind. So fragt die Käseverkäuferin mehrere hundert Mal am Tag: „Darf es ein bisschen mehr sein?" oder „Kennen Sie schon unser Tagesangebot?", um den Umsatz um wenige Cent zu erhöhen. Von einem echten Verkaufsgespräch kann hier aber nicht die Rede sein. Aus Unternehmersicht muss daher auch ganz klar gesagt werden, dass die Kosten für einen Konsumverkäufer selten durch den Ertrag amortisiert werden. Bei einem Dienstleistungsverkäufer liegen die Dinge anders. Dieser erzeugt zunächst einen Bedarf, indem er von sich aus auf den Kunden zugeht und ihm seine Dienstleistung anbietet. So verkauft z. B. ein Wellnessberater seinen Kunden gutes Aussehen und körperliche Fitness. Das sind Dinge, die man weder greifen noch anfassen kann. Was für ein Verkaufsgespräch nicht immer ganz nützlich ist. Die meisten Menschen sind es nämlich gewohnt, etwas anfassen zu dürfen, bevor sie es kaufen. Ein anderer Verkäufer verkauft zwar augenscheinlich Nahrungsergänzungsmittel. Im Gespräch wird er aber von Gesundheit und Lebensqualität sprechen. Ein Dienstleistungsverkäufer von Bohrmaschinen verkauft in erster Linie natürlich Bohrmaschinen. Klar. Doch im Verkaufsgespräch verkauft er nicht die Maschine, sondern Löcher. Also Bohrlöcher. Sein Kunde will ja wissen, was die Bohrmaschine schafft.

Eben Löcher. Die Liste meiner Beispiele ließe sich unendlich weiterführen. Doch Ihnen dürfte aufgefallen sein, dass ein Dienstleistungsverkäufer einen echten Mehrwert für das von ihm repräsentierte Unternehmen bedeutet. Er kostet das Unternehmen fast kein Geld, sondern bringt selbiges in die Kassen. Denn nur dann, wenn etwas verkauft wurde, erhält der Dienstleistungsverkäufer seine Provision, während ein Konsumverkäufer oft nur ein festes Gehalt erhält, egal, wie viel bzw. wie wenig er verkauft. Nichts ist in der heutigen Zeit so leicht zu verkaufen, wie anderen die Möglichkeit zu geben, selber Geld zu verdienen. Sie brauchen nur ein bisschen Mut, um den ersten Schritt zu gehen. Mut ist die best bezahlteste Eigenschaft, die mir bekannt ist.

Ein großes Problem in Deutschland ist derzeit die Kaufzurückhaltung der Menschen. Allerdings trifft dieses Verhalten nicht alle Vertriebskanäle. So beklagte sich der Einzelhandel über dramatische Umsatzeinbußen, während im selben Zeitraum die Umsätze im Direktverkauf stiegen. Aus meiner Sicht ist die Diskussion um „Geiz ist geil" auch nichts anderes als das Schüren neuer Ängste. Den Menschen wird der Eindruck vermittelt, dass im Geiz die Lösung aller Probleme liegt. Das ist aus meiner Sicht blanker Unsinn und führt in der Regel zu gefährlichen Entwicklungen. Anfang Mai 2004 war in der Presse zu lesen, dass sich der Autokonzern Daimler Chrysler mit seinem Engagement bei Chrysler in Amerika mächtig verhoben hat. Die guten Gewinne, die das Unternehmen in Deutschland erzielt, werden zur Tilgung der gewaltigen Unternehmensdefizite in Amerika herangezogen und stehen damit nicht mehr für andere innovative Dinge zur Verfügung. Doch die Gewinne allein reichen nicht mehr aus, um die Defizite auszugleichen. Deshalb versucht das Unternehmen an allen Ecken und Kanten zu sparen. Dieses Sparverhalten hat mittlerweile eine derartige Dimension erreicht, dass der Absatz der Fahrzeuge gefährdet ist. Eine Fülle deutscher Taxifahrer, eine der wichtigsten Zielgruppen von Mercedes, beklagt immer mehr Mängel an den neuen Fahrzeugen. Sie sind es mittlerweile Leid, sprichwörtlich Versuchskaninchen für den Konzern zu spielen und steigen immer mehr auf andere Fahrzeuge, teilweise japanische Fahrzeuge, um. Sparen am falschen Ende löst keine

Probleme, sondern verschlimmert sie eher noch. Vielleicht sollte sich der Vorstand einiger Automobilunternehmer eine Anmerkung des erfolgreichen Autobauers Henry Ford anhören, um besser zu verstehen: *„Wenn man sich für den billigsten Anbieter entscheidet, tut man gut daran, für das Risiko, das man dadurch trägt, etwas mehr einzuplanen. Und wenn man das tut, dann hat man auch Geld genug, um etwas Besseres bezahlen zu können.“* Das bestätigt auch der Sozialreformer John Ruskin (1819-1900): *„Es ist unklug, zuviel zu bezahlen, aber es ist noch schlechter, zu wenig zu bezahlen. Wenn wir zu viel bezahlen, verlieren wir etwas Geld, das ist alles. Wenn wir dagegen zu wenig bezahlen, verlieren wir manchmal alles, da der gekaufte Gegenstand die ihm zugedachte Aufgabe nicht erfüllen kann.“* Wenn kein Geld ausgegeben wird, dann können auch keine neuen Arbeitsplätze entstehen. Immer dann, wenn jemand bereit ist, ein neues Auto zu kaufen und den Preis dafür zahlen möchte, sichert er mehrere Dutzend Arbeitsplätze. Im Werk arbeiten viele Menschen an der Erstellung eines Autos. Viele Teile werden in mittelständischen Unternehmen produziert. Nachdem das Auto fertig gestellt ist, braucht es einen Spediteur, der das Auto vom Werk zum Autohaus fährt. Daran verdient nicht nur der Spediteur, sondern auch der Fahrer des LKW´s. Wenn man es bis zu Ende denkt, dann wird man auch daran denken müssen, dass ja auch der LKW als solches ebenfalls gebaut werden musste. Aber das würde zu weit gehen. Nehmen wir nur mal den Weg des Autos vom Werk zum Händler. Nachdem das Auto dort abgestellt wurde, sichert es weitere Arbeitsplätze. Es verdienen daran der Händler, der Verkäufer und der Mechaniker. Sie sehen, wie viel davon abhängt, ob wir Geld ausgeben oder nicht. Geld wurde „erfunden“, um den Austausch von Waren und Gütern zu erleichtern. Letztlich vereinfacht Geld den Tauschhandel, von Festhalten war nie die Rede. Was natürlich nicht bedeutet, Geld sinnlos zu verprassen, sondern es im Rahmen seiner Möglichkeiten auszugeben. Selbst ein Michael Schumacher, der mehr als 500 Millionen Euro sein Eigen nennt, kauft noch Sonderangebote. Man sollte weder geizig noch verschwenderisch sein im Umgang mit Geld, sondern sich das leisten, was man sich leisten will. Nichts anderes. Nur zu sparen, um das Geld aufs Sparbuch zu legen, wo die Zinserträge noch nicht einmal ausreichen, um die Inflation auszugleichen, ist aus meiner Sicht der falsche Weg. Wohin derartige Entwicklungen führen können, sehen wir in der Landwirtschaft. Die großen Discounter verkaufen einen Liter Milch für unter 60 Cent, während der Landwirt gerade einmal 27 Cent erhält. So wie man bei der Milch von Herstellungskosten sprechen kann und darf, liegt dieser Wert aber bei 32 Cent. Mit anderen Worten: Mit jedem Liter Milch produzieren die Milchbauern einen Verlust von 5 Cent. Ich will niemandem zu nahe treten, aber an dieser Entwicklung sind auch die Verbraucher nicht ganz unschuldig. Die Lebensmittelhändler beugen sich quasi nur dem Diktat der Konsumenten, die nur noch da einkaufen, wo es am billigsten ist. Senkt ein Discounter den Preis, ziehen die anderen gleich nach. Am Ende bleiben der Produzent und damit auch die Arbeitsplätze auf der Strecke. Leben und leben lassen, das ist die Devise, denn letztlich ist alles seinen Preis wert. Auch hier sollte man immer daran denken, dass an diesem Verlust nicht nur der Bauer allein hängt. Denken Sie an die Futterhersteller, Traktorenhersteller oder die Zubehörlieferanten, sie alle können nur überleben, wenn es dem Bauern gut geht. Also Power to the Bauer und jedem, was ihm zusteht. Wir als Verbraucher haben es in der Hand. Wenn wir nicht bereit sind, für gute Ware einen fairen Preis zu zahlen, dann dürfen wir nicht erwarten, dass andere uns gut bezahlen werden. Mit dem Maß, mit dem wir messen, werden wir ebenfalls gemessen. So ähnlich steht es schon in der Bibel. Ein befreundeter Unternehmer interpretierte diese Stelle auf seine Weise. So sagte er zu seinem Angestellten: „Solange Du tust, als würdest Du für mich gut arbeiten, solange tue ich so, als würde ich Dich gut bezahlen!“ ☺

Ich kann natürlich verstehen, dass wir unser Geld zusammenhalten wollen. Die Politik machte es uns ja auch nicht gerade sehr leicht. Die ganze Diskussion um Rente, Gesundheit und Krankenkasse versprüht so viel Unsicherheit, dass jeder bemüht ist, sein Geld möglichst lange zusammenzuhalten. Die Angst sitzt tief, später nicht mehr über genügend Geld zu verfügen, um sein Leben abzusichern. Aber auch hier haben wir es wieder in der Hand, ob wir uns diesem System weiterhin ausliefern möchten oder bereit sind, neue Wege zu gehen. Aber die Diskussion um das Geld sparen führt leider noch zu einer weiteren negativen Entwicklung. Durch das fehlende Vertrauen fragen sich immer mehr Menschen: „Wem kann ich denn heute noch trauen?" Am besten sich selbst, kann ich da nur sagen. Viel wichtiger als diese Frage ist aber, wie Sie Ihre Zukunft entschlossen angehen werden. Wenn Sie die Menschen dort sprichwörtlich abholen, wo sie heute stehen, nämlich bei sich zu Hause, brauchen Sie sich nicht wirklich mehr um Ihre Zukunft sorgen. Nutzen Sie diesen Trend. Die Menschen, die kein Vertrauen mehr haben, igeln sich zu Hause ein, schauen Fernsehen und kaufen nur noch über Ebay. Wir Networker haben daher eine sehr anspruchsvolle und verantwortungsbewusste Aufgabe. Wir besuchen diese Menschen zu Hause und holen sie dort ab, wo sie stehen. Natürlich nehmen wir die Menschen nicht an die Hand, um sie dann zum nächst besten Geschäft zu führen. Nein, wir zeigen den Menschen Produkte, Innovationen und neue Geschäftsideen. Wir kümmern uns um ihre Belange und zeigen durch eine perfekte Betreuung, dass man sich auf uns verlassen kann. Das ist genau das, was wir heute brauchen. Zuverlässigkeit. Wir müssen unseren Partnern das Gefühl geben, gebraucht zu werden, und wir müssen erkennen, dass wirklich nicht alles schlecht ist auf dieser Welt. Es gibt viele Menschen, die uns ihre Hand reichen, weil sie uns vertrauen. Aber auch wir können uns auf diese Menschen verlassen. Deshalb sind wir alle heute so erfolgreich.

Meine Erfolge habe ich natürlich meinen Freunden und Partnern zu verdanken, die mir immer wieder ihr Vertrauen aussprachen. In unsicheren Zeiten fragen sich Menschen, wem man heute noch trauen kann. Diese Reaktion ist durchaus verständlich. In diesen Zeiten suchen die Menschen Geborgenheit und Sicherheit. Es ist daher das Wichtigste für einen jeden Networker, diesen seinen neuen Partnern das Gefühl von Sicherheit und Verlässlichkeit zu vermitteln. Ich hatte weiter oben ausgeführt, dass ich einige Jahre brauchte, bis ich die Chance bei Forever Living Products (im weiteren FLP genannt) nutzte. Ich sagte mir, dass ich mich mit Schmuck, nicht aber mit Kosmetik auskenne. Ich möchte Ihnen dringend anraten, sich nicht so zu verhalten. Erkennen Sie gute Chancen, selbst wenn Sie zunächst nur die Produkte von FLP nutzen. Sie werden sehen, dass es nichts Besseres gibt. Sie werden aber auch eines sehr schnell erkennen. Networking ist zu 90 Prozent Begeisterung und nur 10 Prozent Wissen. Ich erinnere mich noch sehr gut an eine Begebenheit mit einem guten Freund. Wir hatten beide ein Handy und nutzten es täglich wie verrückt. Eines Tages rief er mich an und sagte mir, er hätte sich den Telekom MDA 2 gekauft. Bis zu diesem Zeitpunkt glaubte ich, man müsse mit einem Handy nur telefonieren können, während Termine und sonstige Dinge in einen Zeitplaner eingetragen werden. Ich war es gewohnt, mit Handy und Terminplaner unter dem Arm zu laufen. Mal vergaß ich das Handy, mal den Kalender. War schon echt nervig. Aber es war halt so. Als nun mein Freund anrief und mir in einer ganzen Stunde die Vorzüge des MDA 2 erklärte, war ich wie von den Socken. Ich wusste, dieses Gerät musste ich haben. Es hat keinen Nachmittag mehr gedauert und ich fuhr in die Stadt zum Handyshop und kaufte mir das Gerät. Das war eine super tolle Arbeitserleichterung und heute möchte ich dieses Gerät nicht mehr hergeben. Ich frage Sie nun: Führte mein Freund ein Verkaufsgespräch mit mir oder weckte er in mir die Begeisterung, dieses Produkt unbedingt besitzen zu müssen? Das Gespräch war alles andere als ein Verkaufsgespräch. Es war Leidenschaft und ich freue mich noch heute, dass mein Freund an mich dachte und mir von diesem Gerät erzählte. Im Grunde funktioniert Network-Marketing ähnlich. So wie Sie von einem Produkt und von einem Unternehmen überzeugt sind, berichten Sie Menschen von dieser wunderbaren Situation. Das ist kein Verkaufen, das ist Verpflichtung. Ich denke, es ist unsere Pflicht, Gutes und Tolles Freunden und Bekannten zu erzählen. Sie wie ich, wir alle wollen doch eines: Mehr fürs Geld und das Ganze preiswert. Diesen Spagat können Sie als Networker mit FLP und seinen Produkten bestehen.

MEHRwert

Sie können Ihrem Kunden aufzeigen, dass Ihr Unternehmen mehr bietet als vergleichbare Unternehmen. Durch Zusatzleistungen oder einfach durch einen besseren Service. Mit anderen Worten: Sie haben sich für dieses Unternehmen entschieden, weil dieses Haus einen wirklichen Mehrwert liefert. Natürlich liegt es auch an Ihnen, diese Worte mit Leben zu erfüllen. In der Servicewüste Deutschland reicht es schon aus, wenn Sie sich intensiv um Ihre Partner kümmern. Denn der so genannte König Kunde ist schon längst entthront, wie zahlreiche Studien immer wieder belegen. Nach einer repräsentativen Umfrage[9] der Bad Homburger Unternehmensberatung Marketing Corporation fällt das Urteil der Konsumenten hart aus. 54 Prozent der Befragten finden, die Dienstleistungen seien erneut schlechter geworden. Für 33 Prozent hat sich nichts geändert und nur 13 Prozent glauben, der Service sei besser geworden. 64 Prozent der Bürger klagen darüber, dass sie in den zurückliegenden Wochen schlecht bedient oder unhöflich behandelt wurden, sei es im Supermarkt, im Restaurant, beim Shopping oder in der Autowerkstatt. Diese Zahlen verdeutlichen doch, dass Sie als Networker großartige Zukunftsperspektiven haben, sobald Sie bereit sind, sich mehr um Ihre Partner zu kümmern als andere.

PREISwert

Ist das Produkt preiswert oder ist es seinen Preis wert? Es ist ein großer Unterschied, ob Sie ein überteuertes Produkt verkaufen oder ein gutes Produkt zu einem fairen Preis. Im letzteren Fall ist das Produkt dann seinen Preis wert. Wie so oft im Leben besteht auch hier die Gefahr, diesen Unterschied nicht herausstellen zu können, weil es zu viele Möglichkeiten gibt. Die soeben genannte Studie kommt darüber hinaus zu einem wunderbaren Ergebnis. Danach sagten 67 Prozent der Befragten aus, dass Sie bereit wären, mehr Geld auszugeben, wenn die Qualität stimmt. Ich finde dieses Verhalten bemerkenswert, gerade in einer Zeit, in der Schlagworte wie „Es lebe billig“ oder „Geiz ist geil“ oder „Ich will billig“ die Runde machen. Sie haben mit unseren Produkten und Ihrer Leistung die Möglichkeit, diesen Qualitätsanspruch zu sichern. Mir ist kein anderes Unternehmen als FLP bekannt, das diese Chancen bietet.

[9] Quelle: Welt am Sonntag, 18.04.04

Erst säen, dann ernten

„Willst du Geld haben, dann spare; willst du Geld ernten, dann säe es aus."

Thomas Fuller

Über Ihren Erfolg entscheidet die Qualität Ihrer Leistungen und dafür sind, nach der oben zitierten Studie, die Menschen bereit, mehr zu bezahlen. Sie sehen, dass in dem Wort Qualität die ersten vier Buchstaben etwas Klares ausdrücken: Qual (!). Das aus gutem Grund. Wer überdurchschnittlich verdienen will, wird auch überdurchschnittliche Leistungen bringen müssen. Er muss sich zwar nicht quälen, aber anstrengen. Letztlich eine Frage der Definition. Am Ende bleibt das Ergebnis gleich: Sie müssen sich anstrengen, an manchen Tagen auch quälen, um Erfolg zu haben. Zur Hausbank zu gehen und nach den besten Zinsen für sein Festgeld zu fragen, ist normal. Unnormal ist es, dann den Banker darum zu bitten, die zugesagten Zinsen schon jetzt für ein Jahr im Voraus ausgezahlt zu bekommen. Auch das Festgeld muss zunächst für die Zinserträge arbeiten. Ich verspreche Ihnen keinen leichten Weg, dennoch aber einen einfachen. Kennen Sie einen Sportler, der zwischen Wettkampfterminen nicht an sich arbeitet? Es mag den Anschein haben, dass die Profifußballer nur am Samstag spielen. Doch der Schein trügt. Diese Fußballer trainieren unter der Woche täglich. Michael Schumacher, sechsfacher Weltmeister und der erfolgreichste Rennfahrer aller Zeiten, fährt jeden Tag seine Runden. Claudia Pechstein, die Eiskunstläuferin, steht jeden Tag auf den Kufen, um besser zu sein als andere. Man sollte meinen, dass es keiner dieser Sportler noch nötig hat, und dennoch quälen sie sich jeden Tag aufs Neue, um Bestleistungen zu erzielen. Quälen sie sich wirklich oder empfinden wir Außenstehende es nur so? Letzteres wohl eher. Denn jeder, der Spaß und Freude an seinem Beruf hat, wird sich nie quälen. Für ihn sind die Anstrengungen alles andere als eine Belastung. Das Gegenteil ist der Fall. Diese Menschen sind es gewohnt, sich anzustrengen, und das lieben sie. Bei genauerer Betrachtung fällt auch auf, dass die Sportler nur auf ihrem Gebiet perfekt sind. Was nicht bedeutet, dass sie für die restlichen Anforderungen des Lebens nicht gewappnet sind. Franziska von Almsick schwimmt wie ein Delphin, und sie würde nie auf die Idee kommen, nebenbei noch schneller zu laufen als alle anderen oder noch besser Fußball zu spielen als Michael Ballack. Sie konzentriert sich auf das, was sie am besten kann: schwimmen! „In der Konzentration zeigt sich der wahre Meister", meinte schon Goethe. Sie werden im Leben überragende Erfolge haben, wenn Sie bereit sind, alles zu geben und sich fortan auf eine Sache zu konzentrieren und hier jeden Tag besser werden. Wer dagegen nur versucht, etwas im Leben zu schaffen, wird nie ein Ziel erreichen. Oder haben Sie schon einmal versucht, einen Bleistift nach jemandem zu werfen, der Ihnen auf die Nerven geht? Wenn Sie es versucht haben, dürften Sie noch heute davon träumen, ihn zu treffen. Wenn Sie es aber machen, dann haben Sie eine realistische Chance, ihn zu treffen. Versuchen und machen, das sind zwei Paar Schuhe. Heute bin ich ein erfolgreicher Unternehmer, aber nicht, weil ich alles versucht habe, sondern weil ich es immer gemacht habe. Nur das Tun bringt uns nach vorne, nie die Absicht. Dabei darf man sich keinen Illusionen hingeben.

Network-Marketing heißt deshalb auch, zunächst immer erst zu säen und später zu ernten, wie in der Landwirtschaft. Auch ein Landwirt wird eine reiche Ernte einfahren, wenn er im Schweiße seines Angesichtes vorher gesät hat. Natürlich hat er dazu Maschinen, doch die Arbeit ist dadurch nicht unbedingt einfacher geworden. Wer im Network-Marketing erfolgreich werden will, ackert in den ersten Jahren genauso. Er investiert ebenfalls in Maschinen, Autos, Computer und sonstige technische Dinge. Erst dann, oft erst nach einigen Jahren, geht die Saat auf und der Networker darf ernten. Wenn dann eine Network-Firma sprichwörtlich den Bach hinunter geht, waren alle Anstrengungen für die Katz. Um sich dieses Schicksal zu ersparen, kommt es entscheidend auf die Solidität der Firma an. Auch ich wurde im Vorfeld sehr häufig angesprochen, mir das Konzept von FLP anzuschauen. Aber ich wollte nicht. Trotz der zahlreichen Niederlagen fühlte ich mich in meiner bisherigen Tätigkeit sicher. Doch erstens kommt es anders, als man zweitens gerade denkt. Es trug sich nämlich zu, dass mich ein Bekannter aus alten Zeiten ansprach. Dietmar Reichle, so sein Name, erzählte mir zum x-ten Mal begeistert von FLP. Steter Tropfen höhlt bekanntlich den Stein und wahrscheinlich war es dann auch bei mir so, denn irgendwann erwachte doch das Interesse fürs Geschäft. Dietmar Reichle rief mich also an und sagte, er habe ein megastarkes Geschäft für mich. Ich könnte damit Kohle ohne Ende verdienen (gestatten Sie mir an dieser Stelle die wortgetreue Wiedergabe des Telefonats). „Dieses Geschäft ist die Sensation der Network-Branche. Es wird alles Bisherige in den Schatten stellen. Geld verdienen ohne Abwinken ist möglich." Da machte es Klick bei mir. Sobald ich die Worte Geld verdienen höre, schalten alle körperlichen Systeme auf höchste Konzentration. Also lud ich Dietmar zu mir nach Hause ein. Als Dietmar dann endlich eintraf, setzten wir uns an den Wohnzimmertisch und er packte sofort seine Produkte aus. Ich sah als erstes Cremedosen, Duschgel und Zahncreme. Alles aus Aloe Vera hergestellt. Ich war sauer. Stinksauer, um ganz ehrlich zu sein. Ich hatte Dietmar immer wieder erzählt, dass ich mit dererlei Produkten nichts zu tun haben wollte. Er könne den Kram sofort wieder einpacken und mich damit in Frieden lassen. Da wurde Dietmar resolut. So kannte ich ihn eigentlich gar nicht. Er sagte, ich solle mich hinsetzen und ihm endlich einmal zuhören. Danach wäre es noch immer an der Zeit, nein zu sagen. Als Dietmar mit seinen Ausführungen am Ende war, sah er nur noch die Dollarzeichen in meinen Augen. Ich wusste, hier war etwas, was ich seit meinem Amerika-Trip gesucht hatte. Ich bin Dietmar dankbar, dass er so hartnäckig blieb und nicht locker ließ – „Danke Dietmar, Du hast mein Leben verändert!"

Sofort begann ich alles über Aloe Vera zusammenzutragen. Ich wollte alles über die sagenhafte Pflanze wissen. Ich suchte im Internet, in Büchern und in vielen Zeitschriften alles über Aloe Vera heraus. Ich traf durchweg nur auf gute und positive Nachrichten. Ich fand nichts Negatives über diese Pflanze. Im Gegenteil. Alle Berichte waren voll des Lobes. Das war auch für mich eine ganz neue Erfahrung. Erfolg hat viele Neider. In der Vergangenheit war es leider häufig so, dass einige Menschen mir das Leben schwer machten, indem sie immer wieder versucht waren, meine Produkte, mein Vertriebssystem und dessen Struktur schlecht zu reden. Machen wir uns nichts vor. Wer arbeitet macht Fehler. Spötter und Neider legen es darauf an, etwas Negatives zu finden. Man muss nur lange genug suchen, dann wird man fündig. Das lässt sich nie ganz vermeiden. Das ist nun einmal so. Sie können das beste Produkt haben, irgendjemand wird daran immer etwas auszusetzen haben. Als ich noch Schmuck verkaufte, achtete unsere Firma ganz besonders auf hochwertige Qualität, um Hautreizungen zu vermeiden. Aber Sie können sich vorstellen, dass bei ein paar tausend Kunden nie sicher angenommen werden kann, dass trotz aller Vorsichtsmaßnahmen ein Schmuckstück nicht doch bei dem einen oder anderen eine allergische Reaktion hervorruft. Trifft dieser Mensch dann zur „richtigen" Zeit auf den „richtigen" Menschen, kann dieser sprichwörtlich aus einer Mücke einen Elefanten machen. Die Presse wird sich mit Begeisterung auf dieses Thema stürzen und es bis zum Exzess ausschlachten. Dagegen kann man sich nur bedingt wehren. Die Macht der Medien ist so gewaltig, dass sie selbst vor Persönlichkeiten keinen Halt machen. Denken Sie nur an die so genannte „Adlon Affäre" eines deutschen Bundesbankpräsidenten. Der hat sich im Jahre 2001 von einer Bank, die er eigentlich zu beaufsichtigen hat, über Silvester einladen lassen. Die Bank übernahm die Rechnung über 7.000 Euro für insgesamt vier Übernachtungen. Ich möchte diesen Vorgang nicht bewerten. Aber finden Sie es nicht bezeichnend, dass es mehr als drei Jahre brauchte, bis diese Affäre aufkochte? Ich meine, der Mensch war doch während der Silvesternacht mehrmals im Fernsehen zu sehen, weil er direkt neben Hans Eichel, dem Finanzminister, und dem damaligen Chef der Dresdner Bank, Fahrholz, stand. Aber es dauerte drei Jahre, bis dieses bekannt wurde. Was oder wer auch immer dahinter stehen mag, es verdeutlicht, wie schnell jemand im Mittelpunkt des öffentlichen Interesses stehen kann, wenn es ein anderer wirklich darauf anlegt. Schon bei Schiller heißt es: „Es kann der Frömmste nicht in Frieden leben, wenn es dem bösen Nachbarn nicht gefällt". Schaut man sich nun FLP und deren

Produkte an, grenzt es für mich an ein Wunder, dass ich hier auf keine negativen Schlagzeilen gestoßen bin. Das war für mich ein deutliches Zeichen, wie gut dieses Unternehmen und seine Produkte sein müssen, wenn man bedenkt, wie viele tausende von Verbrauchern jeden Tag Produkte der Firma FLP anwenden. Inzwischen hat das Unternehmen weltweit mehr als 7 Millionen Berater (!). Ich kenne darüber hinaus bis heute kein einziges Unternehmen, das derart grundsolide aufgestellt ist und diese gewaltigen Verdienstmöglichkeiten bietet wie FLP.

Ich möchte an dieser Stelle nochmals deutlich unterstreichen, dass jeder Mensch die Möglichkeit hat, viel Geld zu verdienen, sowie er denn bereit ist, vollen Einsatz zu zeigen. Im Network-Marketing werden die Menschen belohnt, die bereit sind, alles zu geben. Network-Marketing ist kein Spiel, das man mal so ausprobieren sollte, dann würde es ja auch Netplay oder ähnlich heißen. Das Gegenteil ist der Fall. Man muss für seinen Erfolg etwas tun. Schauen wir uns allerdings die Einmaligkeit des Network-Systems an, dann könnte sich schon der Eindruck aufdrängen, dass gerade der Geldzufluss oft einen spielerischen Charakter hat. Um das zu verstehen, möchte ich Ihnen eine Frage stellen. Wenn Sie die Wahl hätten, sich zwischen einer Million Euro sofort oder 1 Cent, der sich täglich bis zum 45. Tag verdoppelt, zu entscheiden, was würden Sie spontan wählen? Ohne Ihrer Entscheidung vorgreifen zu wollen, denke ich, dass Sie auch zu den Menschen zählen, die sofort nach der einen Million greifen, statt den einen Cent zu nehmen. Wer allerdings vorher nachdenkt und rechnet, wird sich für den Cent entscheiden. Ihm wären mehr als 2.199.023.255.552,00 € gutgeschrieben worden. Sie sehen, das Gesetz der Zahl kennt keine Grenzen. Deshalb hüten Sie sich davor, kleine Zahlen zu vernachlässigen. Am Ende können die Verluste gewaltig sein. Schon 1 Prozent bedeutet nicht selten mehr als dreißig Prozent Totalverlust, wie ich Ihnen gern beweise. Wenn Sie 100.000 Euro dreißig Jahre entweder zu fünf oder sechs Prozent anlegen, reden wir über ein Prozent Unterschied. In absoluten Beträgen hätten Sie bei sechs Prozent aber 140.000 Euro mehr auf Ihrem Konto als bei einer Verzinsung von fünf Prozent. Sie sehen, ein Prozent mehr oder weniger entscheidet oft über sechsstellige Zugewinne oder Verluste. Überrascht? Nun, das verwundert kaum, denn nur die wenigsten Menschen beschäftigen sich wirklich mit Zahlen. Angeblich, weil es nicht so wichtig ist. Doch in heutiger Zeit wird man durch diese Gleichgültigkeit bestraft. Wer heute 3.600 € brutto verdient und 30 Jahre arbeitet, zahlt umgerechnet rund 280.000 € in die Rentenkasse. Im Rentenalter von 65 Jahren erhält er dann gerade einmal rund 1.400 Euro Rente. Hand aufs Herz: Wollen Sie dieses schändliche Spiel dauerhaft spielen? Wenn nicht, dann sollten Sie heute damit beginnen, sich ein so genanntes Residualeinkommen aufzubauen. Damit werden laufende Einnahmen beschrieben, die automatisch generiert werden, ohne dass Sie daran noch aktiv mitwirken müssen. Diese Form der Einnahmen findet man sehr häufig bei Autoren, Musikern oder Künstlern. Diese produzieren einmal ein Buch, ein Werk oder ein Musikstück. Je erfolgreicher der Künstler, desto höher ist der Abverkauf seiner Produkte, was zwangsläufig dann seine eigenen Einnahmen erhöht. Denn aus jedem einzelnen Verkauf erhält der Künstler einen vorher vereinbarten Teil. Auch wenn wir nicht das Talent zu einem zweiten Dieter Bohlen haben, gibt es eine wunderbare Möglichkeit, ein ähnlich gut funktionierendes System zur Erzielung eines Residualeinkommens aufzubauen, und zwar indem Sie Ihre Zeit duplizieren und ein Konsumenten-Netzwerk aufbauen.

Kennen Sie die Frage: „Wie heißt es richtig? Lass mich oder mir arbeiten?“ Ich weiß, was Sie normalerweise antworten würden, aber auf diese Frage wäre die richtige Antwort: „Lass andere arbeiten!“ Natürlich ist das nicht ganz ernst gemeint, aber im Kern ist es schon ganz richtig. Ich sagte mehrfach, dass Sie ohne wirkliche Arbeit nie richtig reich werden können. Doch Arbeit ist nicht gleich Arbeit. Es ist eher eine Frage der richtigen Arbeitsteilung, die Sie richtig reich machen wird, ganz nach der „Getty-Methode“:

> *„Lieber verdiene ich 1 Prozent aus der Leistung von 100 Menschen als 100 Prozent aus meiner eigenen Leistung.“*

John Paul Getty wurde mit dieser Einstellung der erste amerikanische Milliardär. Nach dieser Methode funktioniert Network-Marketing. Die meisten Angestellten arbeiten aber nach der klassischen Methode. Sie tauschen ihre Arbeitskraft gegen Entgelt ein. Je nach Branche wird unterschiedlich bezahlt. Die Frage stellt sich, an welcher Position einer Wertschöpfungskette Sie stehen, um Ihren Job zu machen. Wenn wir uns ein gewöhnliches Kaufhaus anschauen, dann werden wir unterschiedliche Mitarbeiterebenen erkennen. So sehen wir Hilfsarbeiter, welche die Ware in die Regale einräumen. Dann folgen die Mitarbeiter in ihren weißen Schürzen, die am Tresen arbeiten oder an der Kasse sitzen. Dann entdecken wir einen Herrn im grauen Anzug mit blauer Krawatte, der sich für einen Bereich innerhalb des Kaufhauses verantwortlich zeigt. Der eine ist z. B. für Non Food, der andere für Food und wieder ein anderer für sämtliche Spirituosen zuständig. Am oberen Ende treffen wir dann auf den Geschäftsführer des Hauses, der über alle Mitarbeiter schützend seine Hand hält:

Typische Führungsstruktur:

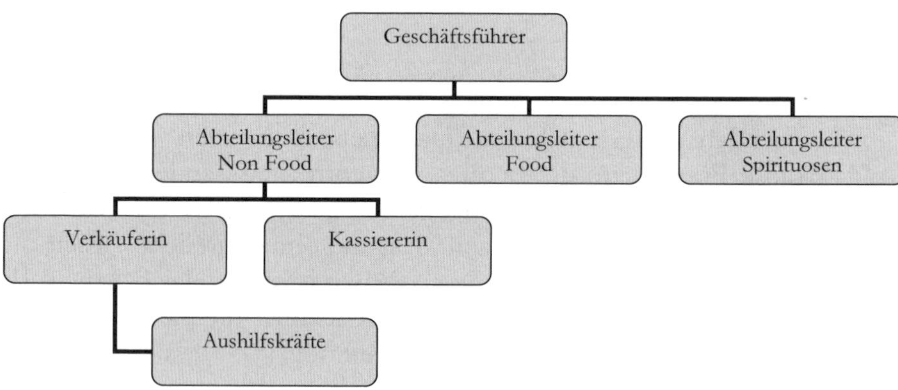

So oder ähnlich dürfte in vielen Betrieben die Hierarchie aufgebaut sein. Daraus lässt sich auch schließen, dass die untersten Mitarbeiter am wenigsten verdienen und die, die ganz oben stehen, verdienen am meisten. Gestatten Sie mir eine dämliche Frage: „Wenn Sie die Wahl hätten, eine dieser Positionen frei auswählen zu dürfen, und zwar losgelöst von Amt und Verantwortung, für welche Position würden Sie sich spontan entscheiden? Gehe ich richtig in der Annahme, dass Sie sich dann für die Position des Geschäftsführers entscheiden würden? Offen gestanden, alles andere hätte mich auch sehr verwundert. Aber auch hier gilt, oben ist nicht gleich oben. Als ich im Mai 2004 meine neuen Büroräume ausstattete, beauftragte ich einen sehr bekannten Schreiner mit der Erstellung der Regal- und Einbauschränke. Dieser Schreiner ist selbstständig und steht damit in seiner Firma an erster Stelle. Das ist nun mal so, wenn man Unternehmer ist. Dabei interessiert auch nicht wirklich, dass dieser Schreiner alleine arbeitet. Chef bleibt Chef. Doch eines ist aber klar. Dieser Schreiner liefert wirklich erstklassige Arbeit ab, muss aber alles selber machen und kann nichts delegieren. Durch diesen Umstand wird er Zeit seines Arbeitslebens wahrscheinlich immer genügend verdienen. Aber reich werden kann er damit nicht. Seine Arbeitskraft und seine Arbeitszeit sind begrenzt. Das ist auch der Grund, weshalb nie jemand allein durch seiner Hände Arbeit reich geworden ist. Die meisten Unternehmer können ihre Arbeitsleistung durch mehrere Angestellte nur addieren. Im Network-Marketing dagegen wird eine Idee potenziert und das bedeutet unendliches Wachstum und unendliche Verdienstmöglichkeiten.

> *„Arbeite und du kannst der Belohnung nicht entgehen. Ob die Arbeit fein ist oder derb, ob du Korn pflanzt oder Romane schreibst, wenn es nur ehrliche Arbeit ist, die die eigene Billigung findet, wird sie sowohl die Gefühle belohnen wie den Verstand. Ganz gleich wie oft du besiegt wirst, du bist zum Sieg geboren. Die Belohnung für eine gut gemachte Arbeit ist, sie gemacht zu haben.“*
>
> Ralph Waldo Emerson
> US-Philosoph (1803-1882)

Woran aber liegt es, dass so viele Menschen in den klassischen Unternehmen ganz unten sind und nur ganz wenige ganz oben? Wäre es nicht leichter, sofort oben anzufangen, um gleich richtig Geld zu verdienen? Wer jetzt meint, das sei gar nicht möglich, denn schließlich gäbe es einen höheren Bedarf an „normalen“ Mitarbeitern als an Führungskräften, irrt gewaltig. Klar, der Blick ist aus der Perspektive eines Kaufhausangestellten schon richtig. Aber die Realität ist eine andere. Sowie wir den Blick auf die konservativen Branchen und Handelsstrukturen wenden, stimmt die Sicht. Aber sobald wir uns neuen Vertriebssystemen zuwenden, bricht die jahrhundertealte Regel. Heute kommt es nämlich nicht mehr so sehr darauf an, was Sie gelernt haben, sondern welchen Job Sie bereit sind, hier und jetzt anzunehmen. Ja, es ist möglich, ohne die klassischen Floskeln: „Du musst erst von ganz unten anfangen, um ganz nach oben zu kommen“ sofort sein eigener Chef mit einem wahrlich fürstlichen Gehalt zu sein (nicht zu werden! Bitte denken Sie an den Unterschied):

„Ihre“ Führungsstruktur:

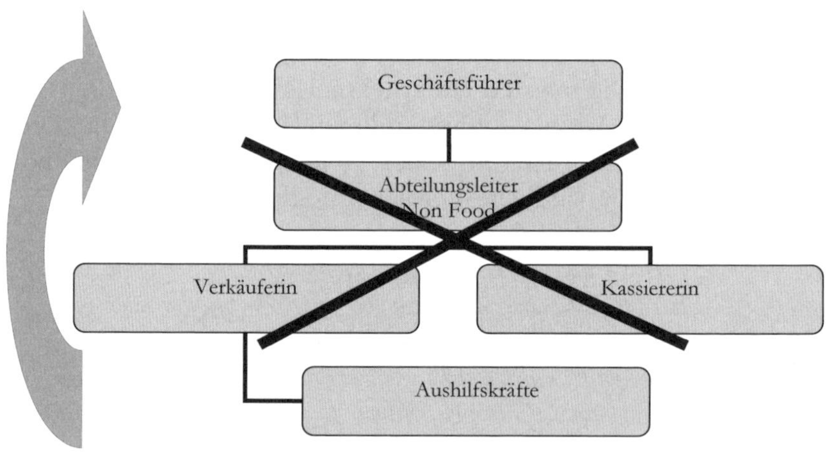

Das Zauberwort heißt Konsumenten-Netzwerk. Es ist das einzige System, das jedem Menschen die gleichen Chancen bietet. Es ist völlig egal, was der Einzelne bisher gemacht hat, über welche Kenntnisse er verfügt und woher er kommt. Die einzige Voraussetzung, die jemand mitbringen muss, ist die Bereitschaft sofort anzufangen. Je eher, desto besser. Seien Sie versichert, sobald Sie diese Entscheidung für diese Sache getroffen haben, durchleben Sie die typischen drei Phasen eines jeden Networkers:

1. Sie werden belächelt
2. Sie werden bekämpft
3. Dann werden Sie toleriert

Halten Sie durch und gehen Sie Ihren eigenen Weg. Hören Sie nicht auf die Nörgler, Zweifler und Spötter. Das sind die Menschen, die noch in zehn Jahren am Fließband stehen werden und für ein paar hundert Euro im Monat arbeiten gehen. Die einzige Abwechselung in ihrem Leben ist das wechselnde Hupsignal in den Werkshallen, das den Beginn der Pause signalisiert. Schon der deutsche Dichter Friedrich Schiller sagte: *„Der Pöbel hört nie auf, Pöbel zu sein, und wenn Sonne und Mond sich verwandeln und Himmel und Erde veralten wie ein Kleid.“* Denken Sie nur an die Zeit vor der Erfindung des Fensterglases zurück. Jahrhunderte bauten die Menschen Häuser, Burgen und Schlösser ohne Fenster, weil es keinen wirksamen Schutz vor Wind, Kälte und Einbruch gab. Davon profitierte die Kerzenindustrie. In vielen Kinofilmen mit Szenen aus dem Mittelalter lässt sich beobachten, in welchen düsteren Behausungen die Menschen darbten. Nur ein kleines Kerzenlicht sorgte in der Dunkelheit für ein wenig Licht. Als dann endlich Glas erfunden wurde und somit erstmals die Möglichkeit bestand, Glas in kleinen dünnen Scheiben herzustellen, bekämpfte die Kerzenindustrie mit falschen Nachrichten die neu entstandene Industrie. Sie warnten die Menschen vor zu viel Licht, fehlender Indiskretion und dem erhöhten Risiko vor Einbruch und Diebstahl. Doch genützt hat es am Ende nicht und so freuen wir uns heute auf wunderschöne Häuser mit noch besseren Fenstern. Im Vertrieb wird es ähnlich aussehen. Ich bin mir sicher, dass auch diese neue Form der Empfehlungsweitergabe sich nach anfänglicher Skepsis in der Bevölkerung immer mehr durchsetzen wird.

Direktvertrieb, der beste Weg zum Verbraucher

„Glaubt es dem, der es selbst erfuhr."

Ovid, röm. Dichter (43 v.Chr.)

Nehmen wir einmal an, Sie haben eine neue Waschkugel entwickelt, die das Wäschewaschen revolutioniert. Lassen Sie uns einfach mal schauen, wie dann diese Ware von Ihrem Lager in die Regale der Einzelhändler kommt. Also zunächst produzieren Sie die Ware in Ihrer Garage, schließlich ist jeder erfolgreiche Mensch in der Garage angefangen (siehe Bill Gates oder Hewlett und Packard). Dann benötigen Sie eine Verpackung für die Waschkugel. Jeweils fünfzig Waschkugeln werden in einen größeren Karton gepackt, um den Versand an die Einzelhändler zu vereinfachen. Doch bevor Sie die Ware überhaupt an den Einzelhändler liefern können, muss er davon überhaupt wissen. Also brauchen Sie einen Vertrieb. Um Kosten zu sparen, beschäftigen Sie zunächst Handelsvertreter, die erfolgsabhängig bezahlt werden. Ihre Vertreter brauchen natürlich Mustersets, um ihren Kunden die neue Waschkugel demonstrieren zu können. Doch damit nicht genug. Der Einzelhändler kauft nur gern etwas ein, wenn er weiß, dass er es auch schnell wieder verkaufen kann. Denn jede Ware, die im Regal liegt, kostet den Einzelhändler zunächst Geld. Erst wenn die Ware verkauft wurde, erhält er seine Liquidität zurück und den Gewinn. Der vorausschauende Einzelhändler wird Sie bzw. Ihre Vertreter danach fragen, wie Sie den Abverkauf des Produktes unterstützen. Mit anderen Worten: Wie werden Sie dem Verbraucher erzählen, dass er Ihre Waschkugel benötigt? Große Konzerne machen das bekanntlich über Fernseh- und Radiowerbung. Es ist noch immer der einfachste Weg, einem Verbraucher etwas Neues anzupreisen. Aber leider auch der teuerste Weg. Nur die wenigsten Firmen sind in der Lage, diese gewaltigen Kosten zu bezahlen. So verlangt das Privatfernsehen nicht selten bis zu 100.000 Euro für einen 30 Sekunden-Werbespot. Je besser die Fernsehzeit bzw. die Fernsehsendung, desto teurer wird es. Nachts, wenn ohnehin nur noch die wenigsten Menschen schauen, bekommen Sie Werbung fast geschenkt. Aber wenn niemand schaut, ist selbst das dann noch zu teuer. Wohl gemerkt, das sind nur die Sendegebühren. Die Produktion eines Werbefilms ist noch gar nicht berücksichtigt. Nicht selten werden hier nochmals mehrere zehntausend Euro fällig. Um dauerhaft in Erinnerung der Menschen zu bleiben, benötigen Sie mehrere Werbeblöcke. Nur einmal 30 Sekunden gesendet, reicht kaum aus. Das ist auch der Grund, weshalb Sie als Verbraucher immer wieder dieselben Spots sehen und hören. Je öfter Sie diese hören, desto schneller „brennt" sich Werbung in Ihr Unterbewusstsein, um Sie beim nächsten Einkaufen daran zu erinnern. Ich unterstelle, dass Sie als Existenzgründer nicht in der Lage sind, so viel Geld für Werbung auszugeben. Sie müssen also den Einzelhändler sponsern. Sie räumen ihm einen höheren Rabatt ein oder Sie bezahlen ihm anteilig seine Anzeigen, die er in den regionalen Tageszeitungen schaltet. Sie sehen, es kostet in jedem Fall immer viel Geld, zunächst Ihr Geld. Denn bis zu diesem Zeitpunkt haben Sie noch nicht eine Waschkugel verkauft. Nachdem das alles in Gang gesetzt wurde, legen Ihre Handelsvertreter los. Sie machen einen guten Job und verkaufen nun einige tausend Waschkugeln an den Einzelhandel, die jetzt im Regal liegen. Ich möchte der Form halber noch anmerken, dass die meisten Einzelhändler aus organisatorischen Gründen nur noch selten direkt durch den Hersteller beliefert werden. In aller Regel ist noch ein Großhändler dazwischengeschaltet, der natürlich auch verdienen möchte. Deshalb liefern die Hersteller zum Großhandelspreis an den Grossisten, der nach Bestellungseingang durch seine Vertreter den Einzelhändler direkt beliefert und mit ihm direkt abrechnet.

Wir nehmen nun an, der Einzelhändler hat Ihr Produkt in verschiedenen Anzeigen beworben. Glauben Sie, dass nun der Kunde kaufen wird? Es wird sehr schwierig werden. Wenn Sie ein völlig neues Produkt verkaufen, fehlt dem Kunden zum einen das Vertrauen und zum anderen muss er den Nutzen erkennen können. Die heutigen

Supermärkte und Einkaufshäuser sind aber nicht darauf ausgelegt, Nutzen zu verkaufen. Sie verkaufen in erster Linie Produkte, die jeder kennt, bzw. wo der Konsument genau weiß, was er mit dem Produkt anstellen kann und das möglichst billig! Es ist aus meiner Sicht sehr, sehr schwierig, heute ein unbekanntes Produkt auf den Markt zu bringen, solange die Beratung fehlt. Deshalb unternehmen die großen Konzerne große Anstrengungen, um die fehlende Beratung im Supermarkt aufzufangen. Wenn Sie das nächste Mal zum Einkaufen einen größeren Supermarkt anfahren, dann achten Sie einmal genau auf die zahlreichen so genannten Probierstände in den Verkaufsgängen. Sie werden sehen, dass die großen Markenartikelhersteller kleinere Probestände aufgebaut haben. Ein Promoter reicht den Verbrauchern Proben neuer Produkte, damit sie das neue Produkt probieren können, sowie es sich um Lebensmittel handelt. Wenn eine Firma eine neue Sauce für Reis auf den Markt bringt, dann werden in fast allen Supermärkten bundesweit kleinere Portionen zum sofortigen Verzehr angeboten. Natürlich mit der Absicht, dass der Kunde überzeugt ist und gleich ein oder mehrere Gläser dieser neuen Sauce kauft. Ich wiederhole mich. Dieses ist zwar der lukrativste Weg, neue Verbraucher anzusprechen, aber für Existenzgründer unbezahlbar. Ich erinnere mich an eine Aktion der Firma Wrigley`s, der weltweit größte Kaugummihersteller. Diese Firma hat im Jahre 2003 ein völlig neues Produkt entwickelt, und zwar so genannte Peppermint-Blättchen (= Pfefferminzblättchen). Wer sich eines dieser mega-hauchdünnen Blättchen auf die Zunge legt, hat binnen weniger Sekunden einen frischen Atem. Um die Kunden von diesem Produkt zu begeistern, wurden bundesweit kostenlos Probepackungen verschickt. Auch wir haben ein solches Muster erhalten. In Deutschland gibt es rund 40 Millionen Haushalte. Wenn nur jeder zweite Haushalt ein kostenloses Muster erhielt, dann können Sie sich ausrechnen, wie viel Geld die Firma Wrigley`s dafür ausgegeben haben muss. Solche Beispiele verdeutlichen, welche Summe große Konzerne in die Werbung stecken und zwar dauerhaft. Das erinnert mich an eine Geschichte, die sich so zugetragen haben soll: Der berühmte Kaugummihersteller Mr. Wrigley`s und sein Abteilungsleiter waren geschäftlich unterwegs. Sie saßen beide im selben Zugabteil, als der junge Mann Herrn Wrigley`s fragte: „Mr. Wrigley`s, Sie geben sehr viel Geld für Werbung aus. Aber Sie verkaufen doch erfolgreich Ihre Produkte und sind sogar Marktführer. Wäre es da nicht besser, einfach die Werbung einzustellen, um Geld zu sparen?" Mr. Wrigley`s schaute den jungen Mann an und bat ihn, aus dem Fenster zu schauen. Der Mann tat wie ihm befohlen. Mr. Wrigley`s fragte ihn dann: „Was glauben Sie, wie schnell fährt dieser Zug im Augenblick?" Der Mann antwortete: „Ich schätze etwa 100 Meilen, Mr. Wrigley`s." „Gut", sagte Mr. Wrigley`s, „dann können wir ja jetzt zum Lokführer gehen und ihn bitten, die Geschwindigkeit auf Null zu reduzieren, um Treibstoff zu sparen." Mr. Wrigley`s wollte mit diesem Beispiel verdeutlichen, dass ohne Werbung nichts läuft. Sobald man versucht, die Werbung einzustellen, wird auch der Verkauf der Produkte zurückgehen. Das ist der Grund, weshalb alle großen Konzerne jährlich mehrere Milliarden Euro nur für Werbung ausgeben. Diese Kosten werden natürlich über den Produktpreis amortisiert, weshalb so genannte No Name-Produkte immer günstiger sind als hochwertige Markenartikel.

Werbung ist wichtig, das steht außer Frage. Je unbekannter ein Produkt und sein Nutzen, desto mehr Geld fließt in die Werbung. Verkäufer von unbekannten Produkten haben aus meiner Sicht einen schweren Stand. Sie müssen einen Großteil ihrer Zeit beim Kunden damit verbringen, ihm klarzumachen, wo die Vorteile eines Produktes liegen und warum dieser Kunde dieses Produkt nun kaufen soll. Die Berater von FLP haben es am leichtesten. Sie sprechen über das Produkt, das jeder kennt und jeder braucht. Oder kennen Sie einen Menschen, der nicht mindestens zweimal täglich seine Zähne putzt? Bisher hat er dazu seine Zahncreme aus dem Supermarkt gekauft. Jetzt können Sie ihm von Ihrer Aloe Vera Zahncreme erzählen. Über Zahncreme müssen Sie nicht reden. Zahncreme kennt jeder Mensch. Und über Aloe Vera? Auch nicht wirklich. Es vergeht kaum ein Tag, wo nicht in der Zeitung, im Radio oder im Fernsehen über Aloe Vera berichtet wird. Ob in der Talkshow bei „Fliege"[10] oder ZDF Gesundheitspraxis[11], es vergeht kaum ein Tag, wo nicht auf

[10] ARD 03.03.02
[11] ZDF, 08.10.02

irgendeinem Fernsehkanal über Aloe Vera berichtet wird. Etwas Besseres kann einem Verkäufer doch gar nicht passieren, als dass immer und immer wieder über sein Produkt gesprochen wird. Wenn Sie etwas über Aloe Vera lesen wollen, denn gehen Sie einfach ins Internet oder kaufen eines der inzwischen mehr als vierzig Fachbücher, die sich nur mit Aloe Vera beschäftigen. Sie werden begeistert sein. Eine bessere Werbung, die darüber hinaus sogar noch kostenlos ist, gibt es nicht. Natürlich spricht die Werbung nicht von einer bestimmten Firma, die Aloe Vera vertreibt. Das ist auch nicht weiter tragisch. Wichtig ist doch nur, dass über die Pflanze gesprochen wird und sich die Information auf diesem Wege in das Bewusstsein der Menschen sprichwörtlich einpflanzt. Für einen Berater ist es nun ein Leichtes, auf dieses Thema einzugehen und interessierten Menschen von den Vorteilen einer Zusammenarbeit mit FLP, also mit dem Aloe Vera Weltmarktführer, zu erzählen. Aufgrund dieser einzigartigen Idee können die Menschen zusätzliches Einkommen generieren, indem sie zunächst einmal ganz in Ruhe die Aloe Vera Produkte testen und selbst anwenden. Das ist der einfachste Weg, andere von dieser Idee zu überzeugen. Immer dann, wenn ich selbst von etwas begeistert und überzeugt bin, indem ich es selbst jeden Tag anwende, kann ich bei anderen auch das Feuer der Begeisterung entfachen. Glauben Sie mir, das ist wirklich sehr einfach. Kennen Sie ein Unternehmen, das Ihnen die besten Produkte zu Vorzugspreisen verkauft und Sie selbst auf Ihre Bestellung für den eigenen Bedarf noch zusätzlich eine Provision bekommen? Kennen Sie das Gefühl, jeden Monat einen Provisionsscheck zu erhalten? Wenn nicht, dann probieren Sie es einmal selbst aus. Mit den Produkten von FLP.

Mir ist kein anderes Unternehmen im Network-Marketing bekannt, das ein Produkt mit einer solchen Reputation anbietet. Ich sehe auch nicht, dass es noch etwas Vergleichbares geben wird. Denn Aloe Vera ist eine Heilpflanze, deren erste Lobpreisungen über ihre Fähigkeit schon bei den Ägyptern zu finden ist. Das umfangreichste erhaltene Medizinbuch aus Ägypten ist etwa 3.500 Jahre alt. Hierin sind zahlreiche medizinische und körperpflegende Rezepturen aufgeführt. Die Pflege des Leibes als Präventivmedizin war für die Ägypter wie auch für die Griechen selbstverständlich. Salben, Körperöle und Haarpflegemittel aus Aloe oder mit Zusätzen von Aloe zeugen von einem ganzkörperlichen Verstehen des Menschen, wonach das physische und psychische Wohlbefinden als einzig wirksame Hilfe zur Verhinderung von Krankheiten angesehen wurde. Wie die Griechen von den Ägyptern, übernahmen die Römer von den Griechen das alte Wissen um die Wirkungen der Heilpflanze Aloe. Der Naturforscher und Arzt Dioskurides verfasste schon 50 n. Chr. eigene medizinische Werke, denen er umfangreiche Kapitel über die Heilpflanze widmete. Die Aloe gehörte zu seinen bevorzugten Heilpflanzen. So empfahl er, den Pflanzensaft gegen allerlei Beschwerden einzunehmen. Von der Wundbehandlung über Magen- und Verdauungsbeschwerden bis hin zu Juckreiz und Akne reichte seine Empfehlung. Noch Jahrhunderte nach seinem Tod waren diese seine Ausführungen bei vielen Ärzten geschätzt. Diese Entwicklung verdeutlicht, mit was für einem Produkt wir es zu tun haben. Es gibt nichts Vergleichbares.

Die Wüstenlilie = Aloe Vera[12]

[12] Quelle: Pixelquelle.de

Kommen wir zurück auf die Waschkugel. Weil Sie weder Beratung vor Ort noch günstigere Produktmuster anbieten können, dürfte ziemlich sicher sein, dass Sie nur wenige Kugeln verkaufen werden. Kein Verkauf, kein Geld. So einfach ist das, und das ist auch der Grund, warum so viele Existenzgründer schon in den ersten zwei Jahren Pleite gehen. Und noch etwas sollten Sie wissen. Wer heute einen Platz für sein Produkt im Regal eines Baumarktes oder Supermarktes haben will, muss dafür bezahlen. Die großen Ladenketten lassen sich wirklich jeden Meter Regalfläche bezahlen. Je mehr Geld die Firmen anbieten, desto besser die Regalfläche. Achten Sie beim nächsten Einkauf einmal genauer auf die Platzierung der Produkte. Sie werden sehen, dass die Markenartikel immer in Augenhöhe platziert sind. Der Grund ist einfach. Menschen kaufen diese Produkte eher, weil sie einem sprichwörtlich direkt in die Augen stechen, während die weniger teuren Produkte fast immer ganz unten platziert werden. Dahinter steckt die Trägheit der Menschen. Niemand bückt sich gern. Deshalb greifen die meisten zu Produkten, die bequem und gut platziert sind. Das wissen natürlich auch die Betreiber der Supermärkte und lassen sich diese Regalmeter besonders teuer bezahlen, während die unteren Flächen günstiger zu haben sind.

Wenn Sie bis hierher aufmerksam gelesen haben, dürfte Ihnen nun klar sein, dass sehr viele Menschen mitverdienen wollen. Sie können es drehen und wenden wie Sie wollen. Ohne diese Menschen haben Sie gar keine Chance, Ihr Produkt auf den Markt zu bringen, sowie Sie den klassischen Vertriebsweg gehen. Selbst wenn Sie auch zu den Menschen gehören, die sich über den hohen Preis einer Musik-CD beschweren, dürfte Ihnen nun klar sein, warum der Verbraucher sehr viel zahlt, aber beim Produzenten und Hersteller nur ein verschwindend geringer Teil ankommt. In wirtschaftlich starken Jahren kann man diesen Nachteil über hohe Abverkaufszahlen kompensieren. Wenn aber die Wirtschaft lahmt, gehen in der Regel auch die Verkaufszahlen vieler Produkte zurück, während aber die Kosten steigen. Denn dem Lager, der Verwaltung und der Produktion ist es relativ egal, wie viel Sie von Ihrem Produkt verkaufen. Der ganze Apparat muss ja immer bereitgehalten werden, um die Lieferfähigkeit nicht zu gefährden. Wie sich der Preis auf dem Weg vom Hersteller zum Kunden ändert, sehen Sie hier:

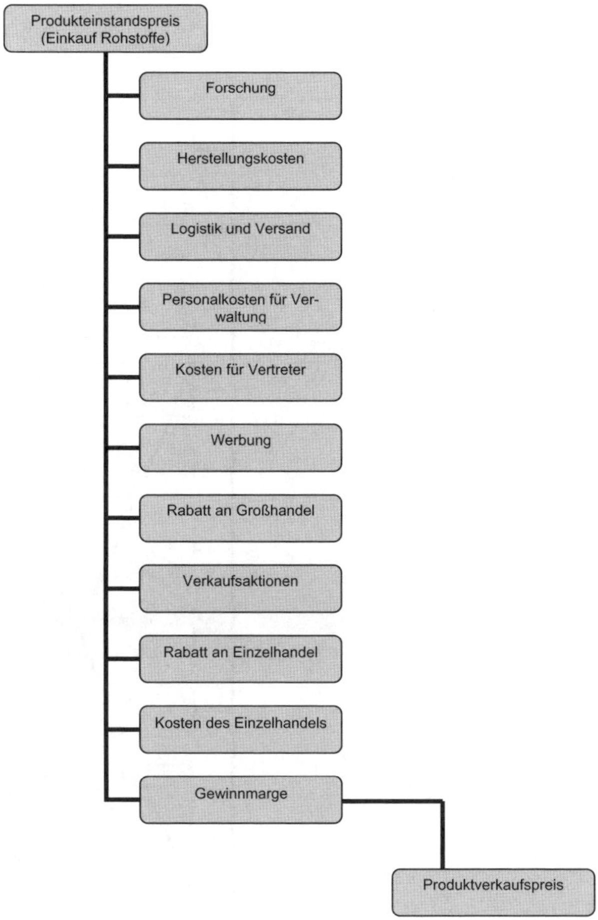

Im Direktvertrieb haben wir dagegen eine ganz andere Struktur. Wenn Sie sich einmal dieselbe Grafik anschauen, dann werden Sie sofort erkennen, dass im Direktvertrieb einige Positionen einfach gestrichen werden können. Im Grunde genommen gibt es keinen

Zwischenhandel. Der Hersteller produziert und liefert direkt an den Verbraucher. Dazwischen gibt es nur Sie als Berater.

So verringern sich die Kosten im Direktvertrieb:

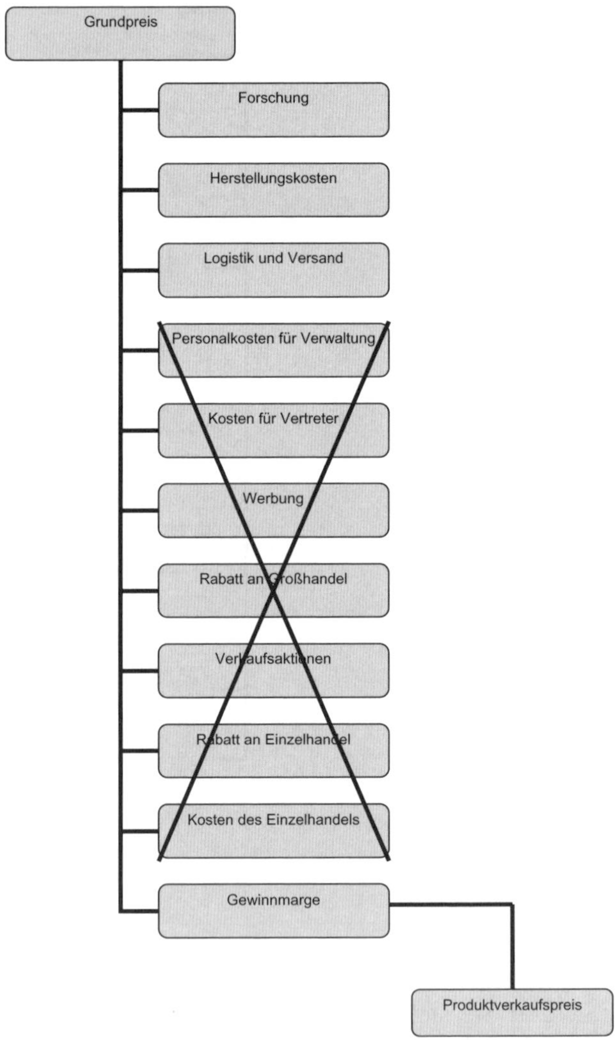

In der Marktwirtschaft steht jeder Anbieter vor dem Problem, dass der Verkaufspreis für ein Produkt nicht beliebig festgesetzt werden kann. Der Markt definiert den Preis. Insofern ist jeder Hersteller gezwungen, möglichst billig, aber hochwertig zu produzieren, um den Verkaufspreis marktgerecht zu gestalten und gleichzeitig alle Kosten decken zu können. Die Situation ist im Direktvertrieb anders. Der Hersteller hat unterm Strich deutlich mehr Geld zur Verfügung, weil die Spanne zwischen Ein- und Verkaufspreis nicht durch hohe Zwischenkosten belastet wird. Dadurch fällt es ihm leichter, hochwertigere Produkte herzustellen und gleichzeitig die Forschung weiterer innovativer und verbesserter Produkte voranzutreiben. Darüber hinaus bleibt genügend Geld übrig, um den Vertrieb besser zu bezahlen als den klassischen Vertrieb. Durch dieses System ist es sogar möglich, sich ein eigenes Netz von freien Beratern aufzubauen, um gemeinsam für den Erfolg zu kämpfen:

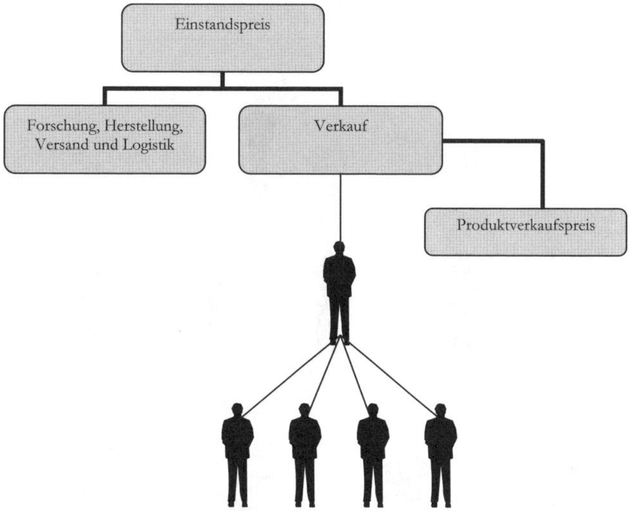

Mit einem eigenen Beraterteam duplizieren Sie Ihre Zeit und erhöhen damit Ihren Umsatz und Ihre Provision.

Duplikation der Arbeitskraft

Wann immer Sie von Direktvertrieb sprechen, denken Sie dabei an meine vorherige Cent-Berechnung. So wie sich der Cent dupliziert, so dupliziert sich alles in Ihrem Leben. Zuerst ganz, ganz langsam und am Ende sehr schnell. Diese Erkenntnis machen sich auch immer mehr Selbstständige zunutze, indem sie ihre Zeit duplizieren. Ein Unternehmer hat, wie jeder Mensch, auch nur 24 Stunden Zeit am Tag. Mehr nicht. Dennoch schafft er es, in dieser Zeit weitaus produktiver zu sein als der einzelne Angestellte. Denn er lebt nach dem Motto: „Lass andere für mich arbeiten." Er sucht sich also Menschen, die ihn bei der Verwirklichung seiner Ziele unterstützen. Dafür bezahlt er diese Menschen natürlich gemäß ihren Leistungen. Nehmen wir einmal an, der Selbstständige kümmert sich wöchentlich zehn Stunden um seine vier wichtigsten Verkäufer. Diese kümmern sich ebenfalls zehn Stunden in der Woche um ihre fünf Mitarbeiter, dann haben wir allein hier 250 Stunden, in denen gearbeitet wird:

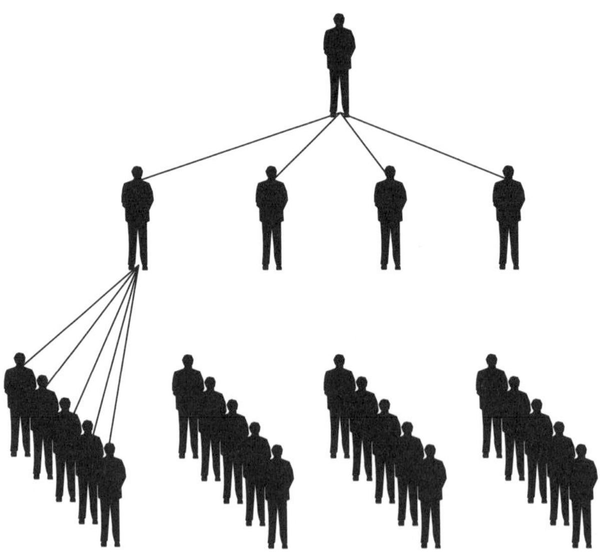

10 Stunden

40 Stunden

200 Stunden

Gesamt: 250 Stunden

So fantastisch diese Berechnung auch aussehen mag, sie gibt aber nicht wirklich wieder, welche Arbeit dahinter steckt. Ich sagte bereits an anderer Stelle, dass Network-Marketing harte Arbeit ist. Aber diese Arbeit wird belohnt, und das ist das Wunderbare. Sie sind es, der die Früchte seiner Anstrengungen auch genießen darf und kein anderer, wie das sehr häufig im Angestelltenverhältnis der Fall ist. Da reißen sich viele Angestellte sprichwörtlich ein Bein aus, und am Ende heimst der Vorgesetzte die Lorbeeren ein. Im Network-Marketing zählen allein der Fleiß und die Geduld. Diese Tugenden sollten Sie besitzen, dann werden Sie Ihren Erfolg nicht mehr verhindern können. Obwohl es sich aus meiner Sicht um eher bescheidenere Tugenden handelt, sind nur die wenigsten Menschen wirklich in der Lage, sie umzusetzen. Sie erinnern mich in ihrem Verhalten sehr häufig an Seerosen, auch Seerosen-Prinzip genannt. Einmal angenommen, Sie wollen, dass ein See mit Seerosen zuwächst. Dieses Ziel soll erreicht werden, indem sich die Seerosen jede Woche verdoppeln. Also legen Sie eine Seerose ins Wasser und warten ab. Sie warten tatsächlich, denn in den ersten Wochen passiert so gut wie gar nichts. Nach zwei Wochen sind erst zwei Seerosen auf dem See, nach drei Wochen erst vier. Kein Wunder, dass Sie diese geringe Menge auf der Wasseroberfläche nicht ausmachen können. Es braucht ganze 28 Wochen, bis der See zu einem Viertel mit Seerosen zugewachsen ist. Das sind 7 ganze Monate, in denen so gut wie gar nichts passiert. Aber bereits in der 29. Woche ist die Hälfte des Sees zugewachsen, und in der 30. Woche ist der ganze See mit Seerosen übersät. Diese Entwicklung macht deutlich, dass gerade die Zeit am Anfang immer wieder den Eindruck erweckt, dass nichts passiert. Auf die Welt des Network-Marketings übertragen, bedeutet eine solche Entwicklung, sich abgestrampelt zu haben, ohne ein wirklich gutes Ergebnis zu sehen. Jetzt kommt es aber darauf an, nicht aufzugeben und weiterzumachen. Verlierer geben in dieser Zeit auf, die Gewinner nicht. Sie schaffen es bis zur 29. Woche und ernten dafür in der 30. Woche den Ertrag. Dieses Zahlenbeispiel ist vom Prinzip her übertragbar auf die Einkommenssituation im Vertrieb, nur die Zeiten sind unterschiedlich. Ich habe Partner in meiner Struktur, die konnten bereits nach wenigen Wochen in die Manager-Position aufsteigen und verdienten nicht selten 5.000 Euro und mehr. Andere wiederum brauchten mehr Zeit, um dieses Ergebnis zu erreichen. Egal wie viel Zeit der Einzelne auch braucht. Entscheidend ist doch nur, dass er dabeibleibt und nicht aufgibt. Auch ich fing klein an und bin heute Diamond Manager. Diese Position ist natürlich mit einem gewaltigen finanziellen Vorteil ausgestattet. Neben meinen „normalen" Provisionseinnahmen konnte ich im Februar 2004 noch einen Scheck über den Jahresbonus für 2003 entgegennehmen. Bitte einfach anschauen und nicht neidisch werden. Was ich kann, können Sie erst recht.

„Glaub an Deine Grenzen und sie gehören Dir."

Möwe Jonathan

Konsumenten-Netzwerk

„Denke immer daran, dass es nur eine allerwichtigste Zeit gibt, nämlich sofort."

Leo Tolstoi

Ich möchte an dieser Stelle den Unterschied zwischen Network-Marketing und unserem Konsumenten-Netzwerk auf Selbstbestellerbasis erklären. Wenn Sie sich ernsthaft mit Network-Marketing beschäftigen, dann werden Sie auf eine Fülle von Angeboten treffen. Von Telefonkarten über Motorenölersatz bis hin zu irgendwelchen Haushaltsgeräten wird alles angeboten. Bei vielen Network-Firmen muss man sich die Frage stellen, ob es wirklich einen Markt für diese Produkte gibt. Ich bin seit mehr als zehn Jahren aktiv dabei und ich kann Ihnen gar nicht alle Network-Firmen und deren Produkte aufzählen, die ich in dieser Zeit kennen gelernt habe. Wäre auch echt müßig, denn in den meisten Fällen gibt es diese Firmen gar nicht mehr. Gerade diese Entwicklung ist dafür mitverantwortlich, dass so schlecht über Network-Marketing gesprochen wird. In den meisten dieser Firmen ging es den Verantwortlichen nie wirklich um das Produkt und seinen Nutzen, sondern um die schnelle Abzocke. Heerscharen von Vertriebsleuten haben den Menschen erzählt, dass sie eine Art Gelddruckmaschine besitzen, die jeder nutzen kann. Man müsse nur ein Starterset kaufen und die Produkte aus diesem umfangreichen Starterset sprichwörtlich an den Mann oder die Frau bringen. In gut inszenierten Veranstaltungen wurden die „Neuen" heiß gemacht, unterschrieben den Vertrag und keine drei Tage später stand deren komplette Garage bis zur Unterkante Garagendecke mit irgendwelchen unnützen Produkten voll. An dieser Menge und den damit verbundenen Kosten sind viele Menschen gescheitert. Am Ende stand nicht selten der private Konkurs. Auf Kosten anderer sind so die Manager reich geworden. Aber bekanntlich stinkt der Fisch immer zuerst am Kopf. Wenn ein Networker mit dieser Methode über den Tisch gezogen wurde, wird er genau dieses Verhalten an den Tag legen und ebenfalls Kunden nach dieser Methode ködern. Binnen weniger Monate standen so in tausenden von Garagen irgendwelche Produkte, die kein Mensch brauchte. Das System geht dann so lange gut, bis es keine neuen Abnehmer mehr gibt. Denn den Verkäufern geht es ja nicht wirklich um die Produkte. Ihnen ist es egal, ob diese Produkte benützt oder angewendet werden. Mit diesem Kleinkram wollen sie sich nicht abgeben. Sie sind nur an großen Verträgen mit einem riesigen Anfangsbestellvolumen interessiert. Mit dieser Strategie haben sich viele Networker eine goldene Nase verdient und leben längst schon nicht mehr in Deutschland. Die heutigen etablierten Network-Firmen sind von diesen Praktiken meilenweit entfernt. Dennoch versuchen immer wieder einige neue Firmen, diesen Weg des angeblich schnell verdienten (abgezockten) Euros zu gehen.

Klassische Network-Struktur:

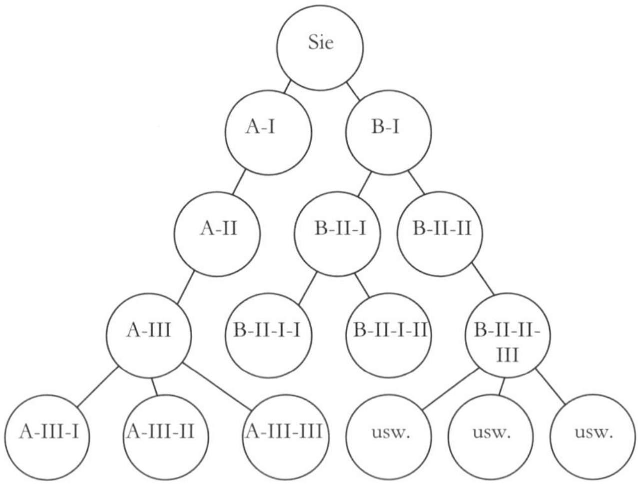

Sie sehen, hier entsteht eine Pyramidenstruktur, an deren oberen Ende Sie stehen. Ihre Aufgabe besteht nun darin, sich eine so genannte Downline aufzubauen. Je größer die Downline, desto mehr

Geld werden Sie verdienen. Deshalb ist jeder Networker bestrebt, möglichst schnell viele Leute in seine Downline zu bringen. Dieses Prinzip überträgt er dann auf die einzelnen Partner seiner Downline, die ebenfalls nun bestrebt sind, weitere Partner zu gewinnen, um dann ihre eigene Downline aufzubauen. So entsteht mit jedem Partner eine neue Ebene. Solange Sie ganz oben stehen, werden Sie mit jedem neuen Partner Geld verdienen. Das Problem solcher Strukturen besteht nun darin, dass man den Menschen etwas verkaufen muss, damit die Provision fließt. Die Anzahl Ihrer Partner in der Downline ist kein unbedingter Gradmesser für Ihren wirtschaftlichen Erfolg. Sie können tausende von Partnern in Ihrer Downline haben. Wenn keiner von denen verkauft, werden Sie auch nicht verdienen. An Ihnen liegt es also, nur Partner zu finden, die verkaufen. Das aber ist reines Wunschdenken. Natürlich wäre es super und schön, fünf Top-Verkäufer zu finden. Denn dann bräuchten Sie sich nur einmal im Monat aus Ihrer Hängematte werfen, um den sechsstelligen Scheck zur Bank zu tragen. Der Rest liefe dann von ganz allein. Pustekuchen. Die Realität ist eine andere. Wenn Sie fleißig sind, können Sie schon den einen oder anderen Top-Verkäufer finden. Aber die Masse der Menschen qualifiziert sich eben nicht zu Top-Verkäufern. Viele von ihnen geben schnell wieder auf. Sie sind zwar am Anfang hoch motiviert und begeistert, doch wenn der wirtschaftliche Erfolg sich nicht schnell genug einstellt, schmeißen Sie oft resigniert das Handtuch und wechseln von einem Network-Unternehmen zum anderen. Denken Sie an das Seerosen-Prinzip. Das Problem sehe ich darin, dass es im Network-Marketing zum einen oft an den richtigen Produkten fehlt und zum anderen der Verkaufsdruck da ist. Doch das Letzte, was Menschen in heutiger Zeit wollen, ist Druck. Druck erzeugt bekanntlich Gegendruck, und sobald jemand merkt, dass die neue Tätigkeit mehr Stress denn Freude ist, wird er sich lieber abends in der Kneipe ein Bier nach dem anderen genehmigen, als für eine Network-Struktur zu arbeiten. Nun sagen einige Network-Profis, dass dieses Problem nie wirklich zu lösen sei. Die einzige Chance, einem möglichen Umsatzeinbruch vorzubeugen, sehen diese Menschen darin, sprichwörtlich vorne mehr Menschen auf die Wippe zu helfen, als hinten herunterfallen. Mag sein, dass der ein oder andere damit Erfolg hat. Ich sehe das aber nicht so. Selbst wenn es so wäre, ist dieses Verfahren mit größtem Stress verbunden. Schauen Sie sich die wirklich erfolgreichen Networker einmal genauer an. Erfolg hin oder her, sie alle werden Ihnen sagen, dass sie noch immer gute Umsätze fahren und damit gute Provisionen verdienen, dass es aber mit viel Stress verbunden ist. Entspannung ist trotz des Erfolges und Geldes nicht möglich. Doch was ist das für eine Einstellung? Was nützt mir das viele Geld, wenn ich es nicht genießen kann.

Die Lösung aller Probleme liegt in unserem Konsumenten-Netzwerk auf Selbstbestellerbasis durch umgelenktes Konsumverhalten. Diese Form des Vertriebes habe ich in Amerika kennen gelernt. Sie erinnern sich. Ich sagte es an anderer Stelle bereits. Die Initiatoren verdienten pro Mann und Nase rund 2 Millionen Dollar monatlich!

Was genau heißt nun umgelenktes Konsumverhalten? Bevor ich auf diese Frage näher eingehe, bitte ich Sie, zunächst die nachstehenden Fragen zu beantworten:

	Ja	Nein
Putzen Sie sich täglich die Zähne?		
Waschen Sie regelmäßig Ihre Haare?		
Duschen Sie regelmäßig?		
Cremen Sie Ihre Haut ein?		
Baden Sie regelmäßig?		
Trinken Sie täglich etwas Gesundes?		
Achten Sie auf eine gesunde Ernährung?		
Achten Sie auf Ihr Körpergewicht?		
Treiben Sie regelmäßig Sport?		

Darf ich davon ausgehen, dass Sie mindestens die Hälfte aller Fragen mit einem klaren und deutlichen „Ja“ beantwortet haben? In diesem Fall sollten Sie weiter lesen. Im anderen Fall empfehle ich dringend, Ihre Hygiene zu überprüfen☺. Wenn Sie sich täglich Ihre Zähne putzen, die Haare waschen und regelmäßig Ihre Haut eincremen, dann benötigen Sie dafür Produkte. Ich gehe davon aus, dass Sie diese Produkte irgendwo im Supermarkt oder beim örtlichen Drogeristen kaufen. Erinnern Sie sich bitte an meine Ausführungen im vorderen Teil zum Thema Produktpreis. Sie haben gesehen, wie sich der Preis eines Produktes von der Herstellung bis zum Ladenpreis verteuert. Mit anderen Worten: Wenn Sie heute im Supermarkt eine Tube Zahncreme kaufen, dann zahlen Sie alle damit aufgelaufenen Kosten im Verhältnis zum Stückpreis. Kostet die Zahncreme in der Herstellung vielleicht 50 Cent und Sie zahlen dafür 2 Euro, gehen schlussendlich 1,50 Euro für besagte Kosten weg. Dieses Geld können Sie sparen, indem Sie als Konsument direkt bei einem Hersteller kaufen. Bitte stellen Sie sich das einmal vor. Sie als Verbraucher der Zahncreme haben nun die Möglichkeit, den kompletten Handel auszuschließen, indem Sie direkt bei einem Hersteller bestellen können. Nun werden Sie vielleicht sagen, das ist ja nicht ganz neu. Da muss ich Sie eines Besseren belehren. Es mag sein, dass einige Wald- und Wiesenfirmen direkt an den Endverbraucher verkaufen. Doch wissen Sie wirklich, was Sie da einkaufen? Schauen Sie sich doch bitte einmal eine Zahncremetube genauer an. Können Sie die dort angegebenen Zutaten wirklich erklären? Dann sind Sie vielleicht Chemiker, denn ich kann die Inhaltsstoffe weder richtig aussprechen noch erklären und ich glaube, dass es vielen anderen Menschen ähnlich ergeht.

Bei FLP kaufen Sie Produkte, die aus den besten Zutaten der Natur hergestellt werden, direkt vom Weltmarktführer. Forever Living Products wurde 1978 gegründet und ist in mehr als 110 Ländern vertreten. Unabhängigkeit und Freiheit bilden das Fundament des Unternehmens. FLP ist weltweit der größte Anbauer, Hersteller und Vertreiber von Aloe Vera. Der Umfang der Plantagen mit Aloe Vera Anbau beträgt mehr als 3.000 Hektar, das ist eine Fläche von rund 4.300 Fußballfeldern! Diese Plantagen in den Vereinigten Staaten, Mexiko und der Karibik stehen im Eigentum von FLP. Aus diesem Grund kann FLP seine Distributoren mit der reinsten Aloe beliefern. Darüber hinaus betreibt FLP das größte Imkereiunternehmen und verarbeitet die natürlichen Bienenprodukte, die vom Hochplateau der Sonora Wüste kommen. FLP hat im letzten Jahrzehnt den Absatz alle drei Jahre jeweils fast verdoppelt, und Sie haben die Möglichkeit, direkt bei diesem Weltunternehmen zu Vorzugspreisen einzukaufen. Das ist einzigartig. Genauso einzigartig ist die Anzahl der Partner, die diese Vorteile heute schon nutzen. Es sind weltweit mehr als 7 Millionen Distributoren (Mitarbeiter).

Das sind Ihre Konsumenten:

Beim klassischen Network-Marketing steht das Verkaufen im Vordergrund. Bei unserem Konsumenten-Netzwerk müssen Sie nicht verkaufen! So unglaublich es klingt. Aber es ist aus meiner Sicht das einzige System, mit dem Sie Geld verdienen können, ohne selbst direkt verkaufen zu müssen. Um Ihre finanzielle Unabhängigkeit zu erreichen, reicht es zunächst aus, die Produkte, die Sie bisher im Einzelhandel gekauft haben, jetzt bei FLP zu kaufen. Dazu benötigen Sie lediglich eine Zulassung als FLP-Distributor und schon kann es losgehen. Sie erhalten ab sofort 30 Prozent Einkaufsvorteil auf alle Produkte sowie:

- die Zulassung, die Produkte zu handeln
- die Möglichkeit, residuales Einkommen zu erzielen

- die Möglichkeit, eine Händler- und Vorteilskundenorganisation aufzubauen

Besonders der letzte Punkt in meiner Aufzählung ist der wichtigste. Denn Sie werden wohl kaum etliche tausend Euro Provision verdienen, wenn Sie die FLP-Produkte ausschließlich selbst konsumieren. Sie müssen nur anderen Menschen von dieser einzigartigen Möglichkeit des umgelenkten Konsumverhaltens erzählen. Dann werden diese Menschen ebenfalls direkt bei FLP bestellen. Ihr Kunde, der unsere Produkte benutzen will, schreibt sich als Berater ein. Sie geben damit Ihrem Kunden die Möglichkeit, sich als Vorteilskunde registrieren zu lassen. Ihr Kunde kauft nun zu einem reduzierten Einkaufspreis mit mindestens 30 Prozent Rabatt die Produkte ein. Auf dieser Grundlage bestellt er nun als sein eigener Berater die Produkte bei Forever Living Products. Mit jeder Bestellung, also auch mit seiner eigenen Bestellung, erhält er natürlich eine Provision und damit jeden Monat einen Scheck. Geld verdienen und gleichzeitig seine Gesundheit stärken, was Besseres kann es doch gar nicht geben. Ihre Partner werden begeistert sein. Sie aber auch.

Die Macht der Multiplikation:

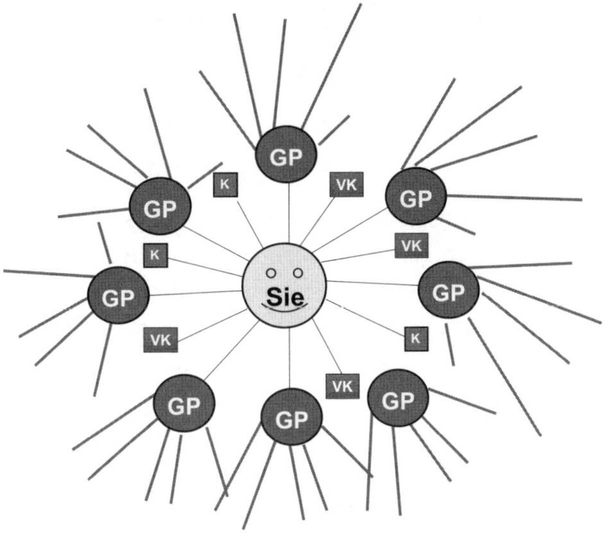

Sobald Sie den Stein erst einmal ins Rollen gebracht haben, gibt es kein Halten mehr. Wie schon Goethe sagte: *„Was passiert, sinnst du nicht aus.“* Der neue Mitarbeiter erzählt einem weiteren Menschen von dieser einzigartigen Idee und langsam entsteht ein riesiges Netzwerk.

Multiplikatoren:

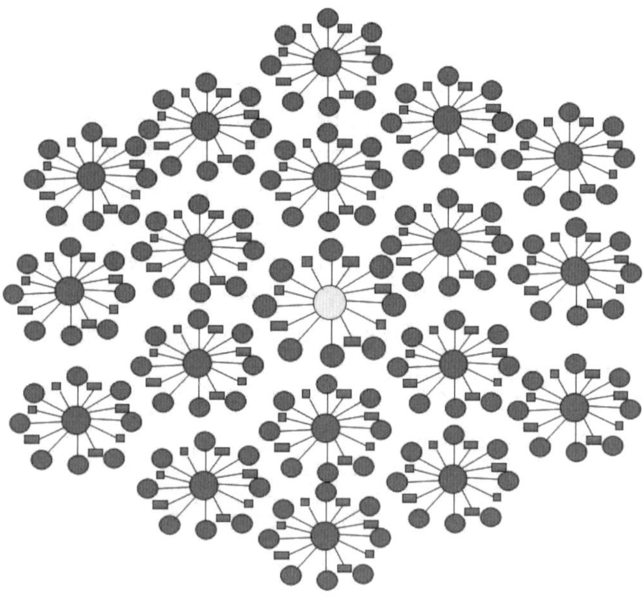

Diese gewaltige Entwicklung ist aber nur möglich, weil FLP Trendprodukte anbietet. Natürlich kann man alles verkaufen. Die Frage ist nur, wie viel Zeit man dafür benötigt. Es ist sicherlich schwieriger, einem Kunden eine hypermoderne Bratpfanne zum Preis von 200 Euro zu verkaufen als eine Zahncreme. Allerdings darf nun nicht unterstellt werden, dass einzig der Preis über den Verkaufserfolg entscheidet. Wenn ein Produkt einen erkennbaren Nutzen bietet, werden die Konsumenten diesen Preis auch bezahlen. Doch viele Network-Firmen kommen mit Produkten auf den Markt, die kein Mensch braucht. Sie übersehen, dass nur ein Produkt eine Chance hat, wenn es im Trend liegt, denn nur ein Trendprodukt garantiert dauerhaftes Wachstum. Aloe Vera ist keine Modeerscheinung, sondern ein seit mehr als 5.000 Jahren anhaltender Trend. Oft ist der Begriff des Trendproduktes falsch besetzt. Viele Menschen meinen, es handle sich hierbei eher um modische Produkte, die schnell veralten. Dem ist nicht so. Ein Trendprodukt steht für den Zeitgeist einer ganzen Generation. Erfolgreiche Unternehmen wissen das und nutzen diesen Zeitraum, der sich oft über mehrere Jahrzehnte hält, optimal. Vorausschauende Unternehmen passen ihre Produkte diesen Trends an und sichern sich damit langfristig einen Markt.

In einem solchen Trendmarkt bewegt sich FLP. Unsere Produkte liegen im Trend, weil sie die Bedürfnisse einer riesigen Generation befriedigen. Nach Angaben des Statistischen Bundesamtes wurden im Jahre 1964 fast 1,5 Millionen Kinder geboren. Das war die höchste Geburtenrate nach dem Krieg. Nach diesem Babyboom ging es nur noch abwärts. Im Jahre 2003 wurden nur noch rund 750.000 Kinder geboren, das ist die niedrigste Geburtenrate nach dem Krieg. Der Laie staunt und der Fachmann wundert sich. Der Profi aber erkennt sofort seine Chancen. Denn dieses Phänomen ist nicht nur ein deutsches. In vielen Ländern verlief die Geburtenrate ähnlich. Weltweit wurden von 1946 - 1964 mehr als 1 Milliarde Kinder geboren. Diese Zeit wird heute als die Baby-Boomer-Zeit bezeichnet und eine ganze Generation von Unternehmern stellte sich darauf ein. Diese gewaltige Zahl von Kindern löste in vielen Branchen eine gewaltige Nachfragewelle aus. So wollen Kinder natürlich spielen. Die Jungs mit Bausteinen (Lego), die Mädchen mit Puppen (Barbie). Dann müssen diese Kinder natürlich kindgerechtes Essen bekommen, zubereitet von den Firmen Hipp oder Milupa. Natürlich wollte die moderne Mutter nicht unbedingt mehr die Windel von Hand waschen und suchte nach Alternativen. Im Jahre 1973 lieferte Pampers die ersten Wegwerfwindeln. Erfunden wurde dieses praktische Utensil bereits 1956 in Amerika. Sie sehen, die Zeit in den 50er und 60er Jahren wurde also sehr stark von diesem Babyboom geprägt. Nun werden die Menschen natürlich älter. Irgendwann entschlüpften diese Kinder den Kinderschuhen und reiften zu Jugendlichen heran.

Die brauchten coole Mode (H&M), wollten nicht mehr Fahrrad fahren, sondern Mofa (Puch) und liebten natürlich die Musik (Abba). Nach der pubertären Phase drängten die jungen Menschen, vornehmlich in den 70er und 80er Jahren, auf den Wohnungsmarkt und mieteten ihre erste eigene Wohnung. Davon profitierten die Bau- und Möbelindustrie, die Handwerker, die Innengestalter und auch die Baumärkte. In dieser Zeit legten viele Selbstständige den Grundstein für ein Vermögen. Aber auch die Versicherungen, Bausparkassen und Banken profitierten in dieser Zeit. Denn die jungen Menschen mussten Vermögen bilden, um sich später einiges leisten zu können. Wegen der gewaltigen Nachfrage, die teilweise zu chaotischen Engpässen führte, konnten gar nicht alle Menschen gleichzeitig befriedigt werden. Jetzt sind die Baby-Boomer-Kinder selbst Eltern und haben natürlich andere Bedürfnisse. Diese Generation ist inzwischen Mitte 40 bis Mitte 50. Jetzt stehen wieder andere Bedürfnisse im Vordergrund. Diese Menschen beschäftigen sich heute mit Gesundheit und Schönheit. Das ist der Trend, den es zu nutzen gilt. Seit mehreren Jahren sprechen wir hier von Wellness. Das ist ein Markt, dem der bekannte Autor und Wirtschaftsexperte Paul Zane Pilzer einen Umsatz von mehr als 1 Billion US-Dollar im Jahre 2010 voraussagt. Das Interessante daran ist, dass wir im Jahre 2003 gerade einmal rund 30 Prozent davon erreicht haben. Mit anderen Worten: Es steht in den nächsten sechs bis sieben Jahren eine Verdreifachung des aktuellen Umsatzes an. Das wird alles bisher Dagewesene weit übertreffen. Pilzer hat auch schon den Handy-Boom vorhergesagt, zu einer Zeit, in der noch niemand so wirklich daran glaubte. Wir haben heute die einmalige Chance, von Anfang an dabei zu sein. Nutzen wir die Zeit:

> *„Da Zeit zum Wettbewerbsfaktor Nr. 1 geworden ist, muss man das Gras wachsen hören. Wer auf gesicherte Erkenntnisse wartet, kann allenfalls noch mit anderen Zauderern um die Krümel streiten.“*
>
> Bill Gates

Sicher kennen Sie das Gefühl des Verliebtseins und ich hoffe, dass Sie auch das Gefühl kennen, wie aus diesem Verliebtsein echte tiefe aufrichtige Liebe entsteht. Ich kann mich daran noch sehr gut erinnern. Es passierte in der Phase, als ich bei meiner Frau Andrea Charaktereigenschaften entdeckte, die mir die totale Gewissheit gaben, dass ich mit ihr den Rest meines Lebens verbringen möchte. Ein ähnliches Gefühl stellte sich nach ca. 4 Monaten bei Forever Living Products ein. Damals, Anfang Dezember 2001, überfiel mich eine wunderbare Vision, wie ich mit FLP wachsen könnte. Ich hatte 100fach die Produktbegeisterung erlebt und gesehen, wie unsere phantastischen Produkte vielen Menschen so sehr geholfen haben. Ich habe auch gesehen, wie professionell die Firma die Logistik im Griff hat, wie pünktlich die Abrechnungen bei jedem meiner Partner Monat für Monat ankamen. Dabei ließ FLP nichts unversucht, ständig an sich zu arbeiten und sich permanent zu verbessern. Ich bekam das Gefühl, diesem Partner auf ewig vertrauen zu können. Endlich hatte ich meine geschäftliche Heimat gefunden. Endlich hatte ich ein Unternehmen mit der entsprechenden Philosophie gefunden. Dieses Unternehmen ermöglichte es mir endlich, meine große Vision umzusetzen. Ich begann förmlich zu glühen, mit jeder Faser meines Herzens. Meine Vision wurde stärker und stärker. Der Wille und das unbändige Verlangen wurden stärker, das größte und erfolgreichste Netz von Menschen aufzubauen und dadurch Millionen und Abermillionen Menschen die Vision von Rex Maughan, dem Gründer von FLP, zu verkünden:

„Gesundheit und finanzielle Freiheit für jeden."

(Andrea und Jörg Wittke neben Rex Maughan)

Rex Maughan hat uns doch vorgemacht, dass es funktioniert. Dieser Mensch hatte 1978 nur den Glauben an sich selbst, eine Idee und den unbändigen Willen, diese Idee umzusetzen. 26 Jahre später unterhält sein Imperium Niederlassungen in 110 Ländern der Welt. Mehr als 7 Millionen Berater vertrauen ihm, seiner Idee und seinen Produkten. Wenn doch Rex diesen unglaublichen Erfolg hatte, was wird dann erst heute aus unseren jetzigen Aktivitäten entstehen? In Zeiten wirtschaftlicher Stagnation und Rezession, chronischer Mangelernährung, steigender Umweltbelastung und einem explosionsartigen Anstieg der so genannten Zivilisationskrankheiten? Mit FLP haben wir darauf die richtigen Antworten. Wir können heute auf hunderttausende erfolgreicher FLP-Partner verweisen. Auf Millionen zufriedener Aloe-Nutzer, auf Presse, Funk und Fernsehen. Sie alle überschlagen sich geradezu vor positiver Berichterstattung ob der unglaublichen Wirksamkeitsvielfalt der Aloe Vera. Als Rex Maughan vor 26 Jahren startete, waren seine Startbedingungen weitaus schlechter. Also, wenn nicht jetzt, wann dann?

Jetzt ist die beste Zeit für Ihren Start bei uns. Der Markt ist reif und das aus drei Gründen:

Marktgarantie 1:

Die heutige Ernährungssituation

- Nur 4 Prozent der EU-Bevölkerung ernähren sich richtig. 96 Prozent machen es falsch.
- Behandelte und denaturierte Nahrungsmittel im Übermaß (z. B. weißer Zucker oder weißes Mehl)
- Über 8000 genehmigte Zusatz- und Konservierungsstoffe
- Fleischskandale (Rinderwahn, MKS, Schweinepest und Hühnergrippe)
- Versteckte Fette, zuviel Zucker
- Genmanipulierte Nahrung

Schon längst hat das alte Sprichwort „An apple a day keeps the doctor away" ausgedient. Vor zwanzig Jahren konnte man daran noch glauben. Doch die Umweltbelastungen der letzten Jahre haben dazu geführt, dass Sie heute wahrscheinlich die zehnfache Menge Äpfel essen müssen, um ein gleichwertiges Ergebnis zu erzielen. Selbst wenn Sie diese Menge täglich tatsächlich essen würden, weiß kein Mensch wirklich, ob es Ihnen auch gut tut. Denn oft sind diese Äpfel chemisch vorbehandelt, um sie einerseits länger haltbar zu machen und andererseits, um ihnen ein besseres Verkaufsbild zu verpassen. Schließlich kauft keine Hausfrau gern vergammelte oder schlecht aussehende Äpfel. In einem Vergleich[13] zwischen einer 1985 erstellten Studie und den 1996 in einem Lebensmittellabor ermittelten Werten in Obst und Gemüse wurden teilweise dramatische Veränderungen festgestellt. So ging in dieser Zeit beispielsweise der Vitamin-C-Anteil in einem Apfel um ganze 80 Prozent zurück! Der Calcium-Anteil in einer Kartoffel sank um minus 70 Prozent, der Magnesium-Anteil um minus 33 Prozent. Diese Zahlen verdeutlichen doch eines:

„Wir verhungern sprichwörtlich an vollen Kochtöpfen",

weil wir zwar satt werden, aber nicht genügend lebenswichtige Stoffe erhalten. Da verwundert es kaum, dass die Zahl der Allergiker in Deutschland beständig steigt. Inzwischen sind mehr als 28 Millionen Deutsche Allergiker, davon 6 Millionen Neurodermitiker.

Darüber hinaus wissen die wenigsten Menschen, dass sich viele der über die Nahrung und Haut aufgenommenen Schadstoffe im Darm sammeln und dort für erheblichen Wirbel sorgen. 93 Prozent der EU-Bevölkerung hat ein nicht mehr optimal funktionierendes Darmsystem[14].

[13] Quelle: 1985 Pharmakonzern Geigy. 1996 Lebensmittellabor Karlsruhe/Sanatorium Oberthal
[14] Quelle: Der Tod sitzt im Darm (Heilpraktiker Michael Hoffmann)

Marktgarantie 2:

Die heutige Ernährungssituation

- ausgelaugte Ackerböden (Monokultur, Überdüngung)
- Rapide absinkender Nährwert in Nahrungsmitteln
- Verschmutzte Gewässer
- Abgase

Marktgarantie 3:

Die heutige Körperpflege

- Chemie dominiert in den Produkten
- Steigende Belastung des Organismus durch belastete Umwelt (Ozonloch, saurer Regen, etc.)
- Allergien häufen sich
- Keine gezielte Körperpflege
- Hohe Beanspruchung der Haut

„Willst Du immer weiter schweifen? Sieh, das Gute liegt so nah. Lerne nur das Glück ergreifen, denn das Glück ist immer da."

Goethe

Die größten Irrtümer im Network-Marketing

„Die größte Wohltat, die man einem Menschen erweisen kann, besteht darin, dass man ihn vom Irrtum zur Wahrheit führt."

Thomas von Aquin (1225-1274)

Ich will mich nicht selbstständig machen!

Die Zahl der Firmen-Insolvenzen hat in Deutschland einen traurigen Nachkriegsrekord erreicht. Selbst namhafte Firmen sind von dieser Entwicklung betroffen. In unserem Konsumenten-Netzwerk geht es nicht um die Frage, ob Sie sich selbstständig machen wollen oder nicht. Zunächst einmal geht es darum, dass Sie die Produkte selber anwenden, um etwas für Ihre Gesundheit zu tun. Das ist der wichtigste Aspekt. Daneben empfehlen Sie diese Geschäftsidee weiter. Mit jeder erfolgreichen Empfehlung verdienen Sie. Das ist alles. Sie tragen kein Risiko und das ist der große Unterschied zur klassischen Selbstständigkeit. In unserem System benötigen Sie:

- Kein Lager
- Keine eigenen Büroräume
- Kein Personal
- Kein Eigenkapital
- Keine Bankkredite

Damit schalten Sie die klassischen Risiken eines jeden Unternehmers aus. Wichtig ist, dass Sie die richtigen Produkte haben. Die beiden Aldi-Brüder, mit richtigem Namen heißen sie Albrecht, sind reich geworden, weil sie das größte Netz von Verbrauchsartikeln aufgebaut haben. Sie verkaufen Produkte, die jeder Mensch braucht. Sie haben mit Ihrer Selbstständigkeit heute die Möglichkeit, es den beiden Brüdern gleichzutun. Allerdings ohne Laden, ohne Mitarbeiter und mit Produkten eines Weltmarktführers. Sie haben es um ein Vielfaches leichter als die beiden Brüder, die den Menschen ihre I-dee erst noch vorstellen mussten. Aloe Vera kennt heute wirklich jeder.

Der Handel hat doch keine Zukunft

Noch Anfang der 90er Jahre hat kein Mensch an die Möglichkeiten des Internets gedacht. Heute kommen wir doch gar nicht mehr ohne Internet aus. Allein die Suchmaschine Google greift auf mehr als fünf Milliarden Internet-Seiten zu. Täglich werden mehr als 1 Million neue Seiten eingestellt. Wer hätte gedacht, dass man den klassischen Flohmarkt revolutionieren könnte? Niemand, bis auf den Amerikaner Pierre Omidyar. Der gründete 1995 sein Internet-Auktionshaus, bekannt unter dem Namen Ebay. Inzwischen nutzen mehrere Millionen Menschen diese Plattform, um Waren zu er- oder versteigern. Allein im Jahr 2003 wurden Waren- und Dienstleistungen im Wert von 24 Milliarden US-Dollar umgesetzt. Dafür wurden 971 Millionen Artikel zum Verkauf[15] angeboten. Der Erfolg dieser Firma hat mehrere Väter, doch der Übervater für diesen Erfolg dürfte wohl die Bequemlichkeit sein. Menschen brauchen sich nun nicht mehr auf den Weg zu machen, um Waren im Supermarkt einzukaufen, an der Kasse Schlange zu stehen und dann schwere Einkaufstaschen zu schleppen. Sie bestellen die Ware von zu Hause aus und lassen sich selbige zustellen. Einfacher und bequemer geht es nicht mehr. Deshalb teile ich die Auffassung vieler, dass der Handel keine rosige Zukunft hat. Gemeint ist damit aber nur der klassische Einzelhandel in Verbindung mit einem Ladengeschäft. Warum sollte ein Kunde noch in den Laden gehen, wenn wir ihm mit unserem Konzept eine Möglichkeit geben, bequem von zu Hause aus zum Einkaufspreis (!) zu bestellen. Noch in den 50er Jahren, also der Zeit des Wiederaufbaus, wurde mehr Geld mit der Produktion von Waren verdient. Heute werden mehr als 70 Prozent des Produktpreises mit dem Handel verdient. Auch hier gilt es, dieser Entwicklung Rech-

[15] Quelle: Net-Lexikon

nung zu tragen. Profitieren Sie von dieser Entwicklung und bauen Sie bequem Ihr eigenes Handelsgeschäft auf. Sie verdienen mit jedem Produktverkauf, ohne dass Sie selbst das Produkt bewegt haben. Ihre Partner bestellen direkt und eigenständig beim Hersteller.

Die Vorteile für diese Handelsform liegen auf der Hand:

- Bequemer Einkauf
- Hohe Verdienstmöglichkeiten
- Kein Lagerrisiko
- Kein Liquiditätsproblem
- Keine Fahrtzeiten
- Fachkundige Beratung vor Ort
- Kein Termindruck
- Keine Hektik
- Optimale Kundenbetreuung

Nun dürfen Sie natürlich eines nicht vergessen. Ihre Kunden mögen bequem sein und liebend gern nur von zu Hause aus bestellen und arbeiten. Sie aber dürfen es nicht. Unser Geschäft lebt von der Dynamik und nicht vom „ich bleibe jetzt zu Hause sitzen". Sie sollten es zu Ihrer Verpflichtung machen, unsere Seminare zu besuchen. Wir brauchen Sie. Wenn es Ihnen schlecht geht, dann besuchen Sie die Seminare und es wird Ihnen wieder besser gehen. Wenn es Ihnen sehr gut geht, dann braucht das Seminar Sie. Die Leute wollen Sie sehen. Sie wollen den erfolgreichen Menschen sehen. Geben Sie den Menschen das, was sie suchen, und wir profitieren alle davon. Das geht aber nur, wenn Sie sich aufraffen und die Seminare als Verpflichtung fürs Team und nicht als Belastung sehen. So what!

Ich habe keine Zeit

Zeigen Sie mir einen Menschen, der heute noch Zeit hat. Wer glaubt, wirklich keine Zeit für Geld und Reichtum zu haben, hätte sich dieses Buch wohl kaum gekauft und schon gar nicht bis hierher gelesen. Wer keine Zeit hat, kann sich nicht organisieren. Das ist das Problem. Überlegen Sie bitte einmal, mit wie vielen Menschen Sie tagtäglich zusammenkommen. Denken Sie nur an einen normalen Tag. Sie fahren mit Ihrem Auto zur Tankstelle, danach ins Parkhaus, dann gehen Sie in die Firma, sprechen mit Kunden, sitzen in der Kantine, sprechen mit Außendienstmitarbeitern, telefonieren den ganzen Tag und am Abend fahren Sie noch ins Einkaufszentrum. Bitte sagen Sie mir nicht, dass Sie keine Gelegenheit finden, mit einem Menschen über Ihr Konzept zu sprechen. Wenn Sie wirklich wollen, werden Sie es auch tun. Auch ich hatte immer einige FLP-Pakete in meinem Auto. Bedingt durch meine vielen Termine saß ich natürlich sehr viel hinterm Steuer. Wenn ich Zeit hatte, telefonierte ich alte Bekannte an und erzählte ihnen von meinem neuen Konzept. Nicht selten rief ich kurzfristig an und sagte, dass ich in der Nähe sei und bei ihnen jetzt auftauchen würde, um ihm ein völlig neues System vorzustellen. Natürlich hatte nicht jeder immer Zeit. Aber die, die Zeit hatten, waren begeistert, und so konnte ich oft sprichwörtlich zwischen Tür und Angel neue Partner gewinnen. Wichtig ist einzig und allein, dass Sie zu jeder Zeit bereit sind, über Ihr Geschäft zu reden. Ich erinnere mich noch sehr gut an eine Begegnung im Nagelstudio. Ich fuhr dorthin, um eine gute Bekannte abzuholen. Als ich das Studio betrat, sah ich auf einem Regal Nahrungsergänzungsmittel stehen. Ich unterhielt mich mit der Besitzerin über die Produkte. Sie sagte mir, dass sie diese Produkte über ihren Ex-Mann bezog. Ich erzählte ihr von meinem Geschäft und sagte ihr, dass ihr Ex- Mann mich einmal anrufen solle. Noch am selben Abend klingelte bei mir das Telefon und wir vereinbarten einen Termin. Heute hat dieser Herr eine der größten Strukturen bei mir.

Alles ist möglich, ist alles möglich? Diese Frage stellen sich viele. Ja, es ist alles möglich, sowie Sie bereit sind, Vollgas zu geben. Ich muss nur meine Zeit optimal einteilen und genau wissen, wann ich welchen Termin plane. Glauben Sie bitte nicht, dass mir die Partner scharenweise zuliefen. Egal, ob Sie völlig neu einsteigen oder die Firma wechseln, Sie fangen immer wieder bei Null an. Selten habe ich meine Partner aus alten Strukturen mitnehmen können. Das ist ja gerade das Problem. Wenn Sie in einer alten Struktur 10.000 Partner hatten und nun in eine neue Network-Firma einsteigen wollen, dann werden Sie oft nur ein bis zwei Prozent Ihrer alten Struktur mitnehmen können. Der Rest will in der Regel nichts mehr mit Ihnen zu tun haben. Ist albern, bitter und dumm. Ist aber so. Ich war also jedes Mal aufs Neue gefordert. Obwohl ich relativ zentral in der Mitte von Deutschland lebe, kommen schnell einige tausend Kilometer zusammen, wenn man in Richtung Norden oder Süden startet. Nicht selten bin ich innerhalb einer Woche mehr als 7.000 Kilometer gefahren. Ich erinnere mich noch sehr gut an meine Kontakte nach Hamburg, etwa vierhundert Kilometer von meinem Wohnsitz entfernt. Für eine Partnerin bin ich insgesamt viermal nach Hamburg gefahren! Ich will damit nicht sagen, dass ich so ein toller Kerl bin. Wenn Sie in einem Ort Kontakte generieren, dann wissen Sie nicht sofort, ob sich aus diesen Aktivitäten auch tatsächlich etwas entwickelt. Glauben Sie mir, wenn Sie dreimal in Folge zu einem Termin fahren, dann erreichen Sie einen Punkt, wo Sie sich ernsthaft fragen, was Sie da eigentlich machen. Auch meine Zeit ist begrenzt, doch wenn ich spüre, hier mit einem wertvollen Menschen zu sprechen, dann ist mir meine Zeit nicht zu schade, um mit diesem Menschen zu sprechen. Gleichgültig, wo er wohnt. Das gehört einfach zu meinem Geschäft. Wenn ich bereits nach dem ersten Mal gesagt hätte, dass mich dieser Mensch in Hamburg nicht interessiert, weil er meine Zeit stiehlt, hätte ich ihn heute nicht in meiner Struktur. Wenn Sie aber bedenken, dass Sie mit jedem aktiven Partner verdienen, wäre das sehr bitter, weil eben besagter Hamburger heute einer der besten Partner in meiner Struktur ist. Dieses Beispiel ist kein Einzelfall. Ich bin selbst für fünf Leute nach München gefahren, von denen am Abend keiner unterschrieb! Natürlich ist das sehr frustrierend, aber das gehört zu unserem Geschäft. Drei Leute in Saarbrücken, acht Leute in Berlin. Alles kleine Gruppen. Heute, nach Jahren der Anstrengung, kommen natürlich mehrere Hundert zu meinen Veranstaltungen, aber damals eben nur ganz wenige. Ich habe es auch öfter als mir lieb war erlebt, dass sich x Leute angemeldet hatten, ich dann mehrere hundert Kilometer gefahren bin und am Ende niemand im Veranstaltungsraum saß. Glauben Sie mir, an solchen Tagen beißen Sie vor Wut ins Lenkrad. Aber es hilft doch nichts. Aller Anfang ist bekanntlich schwer. Berlin, Greifswald oder Freiburg, das sind alles Orte, die ich inzwischen wie meine Westentasche kenne. Nicht selten fuhr ich drei- bis viermal dorthin, um eine Veranstaltung abzuhalten. Meine Partner vor Ort riefen euphorisch an und sagten, dass mindestens 50 Leute in die Veranstaltung kommen würden. Glauben Sie mir, von den großspurigen Ankündigungen blieben am Ende dann max. 10 Prozent, die sich meinen Vortrag anhörten. Aber es waren eben 10 Prozent, und diese Menschen waren es wert, dass ich mich von meinem Wohnsitz aus auf den Weg machte, um ihnen von dem genialen Konzept zu erzählen. Ich erwarte nicht, dass Sie sich ins Auto setzen und gleich mehrere hundert Kilometer fahren. Schauen Sie sich in Ihrem Bekannten- und Verwandtenkreis um. Sie werden hier hunderte Menschen finden, die gern mit Ihnen über Ihre Idee sprechen wollen. Sie müssen vielleicht nur einige Kilometer fahren, aber denken Sie immer daran: In diesen Momenten ist dieser Kontakt das Wichtigste, was Sie für den Augenblick zu interessieren hat. Nehmen Sie die Menschen wichtig, egal, wie groß Ihre Veranstaltung geplant war. Natürlich ist es bitter, wenn Sie fünfzig Menschen einladen und nur fünf kommen. Aber legen Sie sich für diese fünf Peoples ins Zeug und machen Sie einen guten Job. Wenn nur einer hängen bleibt, haben Sie Ihr Ziel erreicht. Die Quantität Ihrer Interessenten sagt nichts über die Qualität aus. Sie können einhundert Leute einladen, von denen am Ende niemand unterschreibt. Sie können fünf Interessenten einladen und zwei unterschreiben. Sie entscheiden, was für Sie wichtiger ist. Network ist die Summe unserer Arbeit, die sich aus vielen kleinen, einzelnen Schritten zusammensetzt. Natürlich fährt jeder gern 700 Kilometer zu einer Veranstaltung, wenn er vorher genau weiß, dass mindestens fünf unterschreiben werden. Aber wissen wir das wirklich immer vorher? Wohl kaum, und deshalb „weigern" sich viele, diesen Weg auf sich zu nehmen und beklagen sich dann, dass sie keinen Erfolg haben. Doch dass ihr Verhalten erst dieses Ergebnis provozierte, wollen sie nicht wahrhaben.

Wer macht Werbung für mich?

Niemand. Das ist ganz allein Ihre Sache. Das Besondere an unserem System ist aber, dass Sie kaum noch über Aloe Vera sprechen müssen. Es vergeht doch kein Tag, wo nicht über Aloe Vera gesprochen wird. Sie können bei einigen Lebensmitteldiscountern Bettmatratzen mit Aloe Vera oder Joghurt mit Aloe Vera kaufen. Aloe Vera ist wirklich in aller Munde. Natürlich gibt es große Qualitätsunterschiede. Wenn Sie ein Aloe Vera-Gel von FLP erwerben, dann besteht es wirklich aus reiner Aloe Vera. Dagegen können Sie im Handel Aloe Vera Fruchtsäfte kaufen, die sich so nennen dürfen, obwohl ein Mischverhältnis von 1:200 angewendet wurde. Also auf 200 Teile Wasser kommt 1 Teil Aloe Vera.

Der Markt ist doch gesättigt

Es gibt nicht selten Partner, die meinen, wenn Sie heute bei FLP anfangen würden, dann hätten Sie keine realistische Chance mehr, richtig Geld zu verdienen. Das ist ein sehr großer Irrtum. In Deutschland leben noch immer mehr als 80 Millionen Menschen. Weltweit hat FLP rund 7 Millionen Menschen als Kunden. Diese Zahlen verdeutlichen, dass unser Markt unendlich ist und es nie zu spät ist, anzufangen. Wichtig ist einzig und allein, dass Sie anfangen müssen. Alles andere bringt keinen Erfolg.

Wenn ich Sie an die Hand nehmen würde und wir an einem Tag an 1.000 Haustüren klingeln, um drei Fragen zu stellen, würden wir unglaubliche Antworten erhalten:

1. *Kennen Sie Aloe Vera?*

   Auf diese Frage werden 995 Menschen mit einem Ja antworten!

2. *Kennen Sie Forever Living Products?*

   Dann wird die Antwortquote schon deutlich schlechter ausfallen. Wahrscheinlich werden gerade einmal 5 Leute FLP kennen.

3. *Wissen Sie, dass es Menschen gibt, die bei FLP schon nach 12 Monaten 1.000 bis 15.000 Euro pro Monat nebenberuflich verdienen?*

   Gehen Sie davon aus, dass alle mit einem Nein antworten werden.

Besonders die dritte Frage verdeutlicht, dass wir trotz unseres gewaltigen Wachstums noch immer nicht bekannt genug sind. Das ist Ihre Chance. Ihre Aufgabe ist es, über uns, unsere Produkte und unser einmaliges Vertriebssystem zu reden, zu reden und nochmals zu reden. Den Rest macht FLP.

Fangen Sie an!

Ich weiß nichts über Ihre Produkte

Dieser Einwand ist falsch. Man mag zwar noch nichts über FLP wissen, doch über Aloe Vera weiß eigentlich heute jeder Bescheid. Diese Heilpflanze gibt es seit mehr als 5.000 Jahren. Mit ihren schaftlosen, spitzen Blättern ist Aloe Vera eine subtropische Pflanze aus der Familie der Liliengewächse. Es gibt viele Sorten von Aloe. Forever Living benutzt nur die aloe barbadensis, die unter der gebräuchlichsten Bezeichnung als Aloe Vera oder „True Aloe“ bekannt ist. In Anlehnung an ihren Firmennamen produziert und vertreibt Forever Living Products nur die reinste Form von stabilisiertem Aloe Vera-Gel, das auf dem Markt zu finden ist. Das Wunder aus der Natur ist unser Geschäft, denn[16]:

[16] Quelle: FLP Image Broschüre

1. Die Produkte von Forever Living für Gesundheit, Schönheit und Ernährung tragen den Abdruck des bedeutenden Siegels der Anerkennung durch International Aloe Vera Science Council. Damit wird bestätigt, dass die FLP-Produkte „100%iges stabilisiertes Aloe Vera-Gel" enthalten.

2. Das Vitamin B-12, das für das gesundheitliche Wohlbefinden wichtig ist, kommt in natürlicher Form in Aloe Vera vor. Heute ist sie eine der wenigen bekannten Pflanzen auf der Welt, die dieses Vitamin enthält.

3. Forever Living kultiviert die gesamte Aloe Vera selbst. Daher kann garantiert werden, dass die Pflanze in einer sauberen Umwelt wächst. Unsere Partner vertreiben nur die beste Aloe Vera, die diese Vitamine enthält.

4. Die Aloe Vera-Blätter werden von Hand geerntet und anschließend mechanisch gewaschen und zerlegt, um die äußere Schale zu entfernen. Was übrig bleibt, ist ein klares Gel, das die wohltuenden Inhaltsstoffe der Aloe Vera enthält. Dieses Gel wird in rostfreien Tanks zum Zweck der Stabilisierung gesammelt, mit dem patentierten Verfahren, das entscheidend den Verlust von Nährstoffen und anderen wichtigen Bestandteilen aus der Aloe verhindert.

5. Die Herstellungsfirma in Dallas besitzt eine der besten Anlagen ihrer Art. Zu ihr gehört auch eine Forschungsabteilung, die mit den allerbesten Kosmetiklaboren der Welt vergleichbar ist.

6. Viele der FLP Aloe-Produkte tragen sowohl das Kosherzeichen als auch das islamische Gütezeichen und weisen damit darauf hin, dass die Reinheit allgemeiner Anerkennung verdient.

So wie die Coca Cola Flasche zum Kult wurde, so ist unser gelber 1-Liter-Kanister Kult:

Mit vier dieser Kanister erreichen wir über 50 Prozent des Weltumsatzes:

1. Aloe Freedom (88,9 % reines Gel)
2. Aloe Vera Gel (98 % reines Gel)
3. Berry Nectar (88,9 % reines Gel)
4. Bits n´ Peaches (91 % reines Gel)

Darin enthalten ist Aloe Vera-Gel zum Trinken, das ist Gesundheit aus dem Glas.

Diese meine Ausführungen zu diesem Thema haben Ihnen gezeigt, dass Sie jetzt schon alles wissen, was notwendig ist, um die FLP-Produkte weiterzuempfehlen. Das schaffen Sie doch leicht!

Ich kann niemanden ansprechen!

Nicht selten sagen mir neue Partner, dass Sie nicht wirklich jemanden kennen, dem Sie unsere Produkte vorstellen könnten. Schlimmer noch. Sie schalten Anzeigen in der Presse, um an neue Partner zu kommen. Sicher kann man begleitend Anzeigen schalten, aber sie dürfen niemals zum Mittelpunkt einer Kontaktanbahnung werden. Denn heute melden sich nur noch die wenigsten Menschen auf eine

Anzeige. Eine Anzeigenkampagne sollte nur begleitend eingesetzt werden, weil sie zum einen viel Geld kostet und zum anderen keinen Erfolg garantiert. Kein Mensch wird mehr auf eine Anzeige antworten, die ihm suggeriert, dass er mit Ihrer Beratung Geld sparen kann. Selbst wenn der eine oder andere Kunde spontan zum Hörer greift, sollten Sie dann auch ans Telefon gehen können. Wie aber wollen Sie als einzelner sicherstellen, dass Sie genau in diesem Moment an Ihrem Schreibtisch sitzen? Selbst wenn Sie einen Anrufbeantworter anschließen, wird heute kaum noch ein Interessent eine Nachricht hinterlassen. Dazu ist die Zeit zu knapp und die Menschen sind ungeduldiger geworden. Sie wollen jetzt jemanden sprechen und nicht auf einen Rückruf warten müssen. Aus diesen Gründen sollten gerade neue Mitarbeiter keine Anzeigen schalten.

Vergleichen wir unsere Tätigkeit als Berater einmal mit artverwandten Berufen: Unternehmer, Ärzte, Steuerberater, Unternehmensberater, Rechtsanwälte und sonstige Selbstständige. Haben Sie sich schon einmal überlegt, wie diese Menschen an neue Kunden gekommen sind? Sie werden mir doch zustimmen, dass niemand von denen ohne Kunden auskommt. Wie also geht ein Berufseinsteiger oder ein Unternehmensgründer vor, der sich in seiner Branche einen Namen machen möchte? Glauben Sie, dass allein die Anmietung eines großen Büros reicht? Nicht wirklich. Wichtig sind allein die Kunden, an denen Sie Ihr Geld verdienen. Dabei interessiert es den Kunden nicht, ob Sie an einem großen oder kleinen Schreibtisch, in einem großen oder kleinen Büro, in der Stadt oder auf dem platten Land arbeiten. Für den Kunden zählt einzig und allein das Ergebnis Ihrer Arbeit. Je besser Sie arbeiten, desto mehr Kunden werden Sie bekommen. Doch bleibt die Frage: Wie kommen Sie an die ersten Kunden? Ganz einfach. Durch Kontakte! Deshalb gilt: Sie müssen sich bekannt machen. Sie müssen sprichwörtlich von sich reden und zwar so lange, bis die Leute von bzw. über Sie reden. Hierzu haben Sie viele Möglichkeiten. Allein der Vorsitz im örtlichen Kaninchenzuchtverein kann Ihnen dabei helfen, in die Presse zu kommen. Es ist aus meiner Sicht nicht so wichtig, mit was Sie in der Presse stehen, sondern dass Sie in der Presse stehen. Natürlich nicht um jeden

Preis. Es gibt zwar Menschen, die meinen, eine schlechte Presse ist auch eine gute Presse, weil über einen geschrieben wird. Aber diesen Gedanken sollten Sie schnell vergessen. Für Menschen, die weltweit arbeiten und wegen ihres Berufes im Interesse einer breiten Öffentlichkeit stehen, mögen andere Gesetze gelten. Sie wie ich, wir alle arbeiten sprichwörtlich direkt vor unserer Haustür und da ist jedes negative Wort in der Presse schlecht fürs Geschäft. Ihren Kunden ist es egal, ob Sie sich für Tauben, Kaninchen oder Fußball interessieren, die Hauptsache ist doch, dass er Ihren Namen öfter gelesen hat. Das allein zählt. Sofern Sie innerhalb Ihres Bekanntenkreises nach Kontakten suchen, sollten Sie nun darüber nachdenken, mit welchen Menschen Sie jetzt sprechen wollen. Tragen Sie alle Namen, die Ihnen spontan einfallen, in eine Kontaktliste (siehe nachstehendes Muster) ein. Sie werden überrascht sein, wer Ihnen alles einfallen wird.

Meine Kontaktliste

Name	Plz, Ort	Telefon	Alter	Sonstiges

Diese Kontaktliste hilft Ihnen, aktiv zu werden. Sie bildet Assoziationen zu Menschen, mit denen Sie bereits aus verschiedenen Anlässen Kontakt hatten. Also Menschen, die Sie kennen. Wichtig ist, dass Sie zu jeder Position etwas aufschreiben. Es mag sicher Überschneidungen geben, doch in dem Maße ergeben sich viele neue Impulse. Im Grunde genommen ist die Palette der Kontaktmöglichkeiten unendlich. Sie müssen nur jederzeit kontaktbereit sein und nichts unversucht lassen, von sich und Ihren Geschäftsmöglichkeiten zu sprechen. Dadurch entsteht langsam aber beständig ein Beziehungsnetzwerk, aus dem Sie kontinuierlich neue Termine schöpfen. Nicht selten erlebe ich es dann, dass mir neue Partner erzählen, Sie würden alles machen, nur keine Geschäfte im Bekanntenkreis! Wenn Ihnen solche Gedanken kommen, stellt sich für mich die Frage, ob Sie wirklich von den Produkten überzeugt sind. Wenn ja, können Sie es doch in jedem Fall mit ruhigem Gewissen Ihren Freunden und Bekannten anbieten. Wenn Sie dagegen nicht vom Produkt überzeugt sind, sollten Sie sich die Frage stellen, ob Sie sich für die richtige Firma und deren Produkte entschieden haben. Das ist sehr wichtig, denn ich habe noch nie jemanden gesehen, der mit einer „falschen" Firma erfolgreich wurde. Dagegen habe ich aber sehr viele erfolgreiche Menschen gesehen, die mit der richtigen Einstellung und der richtigen Firma sehr erfolgreich wurden. Diese Menschen sind auch oder gerade deshalb erfolgreich geworden, weil Sie im Verwandten- und Bekanntenkreis mit dem Aufbau begonnen haben. Wichtig ist nur, dass Sie alle Kontaktmöglichkeiten ausschöpfen und gleichzeitig in verschiedene Richtungen arbeiten. Erst alle Freunde, dann alle Bekannten und dann erst fremde Menschen anzusprechen, ist sicher der falsche Weg. Von Anfang an mit Menschen aus unterschiedlichen Richtungen kommend zu sprechen, das ist der richtige Weg. Alles andere führt nicht zum Ergebnis. Mein Tipp:

> *„Reden Sie wenig mit vielen Menschen – nicht viel mit wenig Menschen."*

Wenn Sie frisch dabei sind, laufen Sie Gefahr, sich schnell zu verheddern. Diskutieren Sie nicht lange mit dem Interessenten. Reden Sie über das Geschäft und über die Produkte. Besuchen Sie mit diesem Interessenten eine unserer bundesweit stattfindenden Geschäftspräsentationen. Nehmen Sie ihn sprichwörtlich an die Hand. Gerade in der Anfangsphase sollten Sie sich nicht zu schade sein, Ihren Interessenten abzuholen und mit ihm gemeinsam zur Präsentation zu fahren. Je öfter Sie diese Präsentation besuchen, desto sicherer werden Sie im Umgang mit Interessenten, Firma und den Fakten. Einer unserer wichtigsten Aufbau-Tools ist unsere Audio-CD. Hier wird einem Interessenten in fünfundzwanzig Minuten erklärt, worum es geht. Machen Sie von diesem einzigartigen Werbeinstrument reichlich Gebrauch. Übergeben Sie die CD und vergessen Sie nicht, Ihren Interessenten nach einigen Tagen wieder anzurufen. Denken Sie an das alte Sprichwort: „Aus den Augen, aus dem Sinn". Kümmern Sie sich um ihn und bemühen Sie sich, dass Ihr neuer Partner spürt, dass Sie ihn schätzen und er sich auf Sie verlassen kann.

Das ist doch ein Schneeballsystem!

Die Rekrutierung neuer Mitarbeiter ist eine zentrale Aufgabe in jedem Vertriebsunternehmen. Oft wird fälschlicherweise der Aufbau einer Vertriebsstruktur mit einem Schneeballsystem verglichen. Das ist es aber nun wirklich nicht. Weil der Begriff des Schneeballsystems heute inflationär eingesetzt wird, sind viele Laien überfordert, das eine vom anderen zu unterscheiden. Sie vergleichen daher sehr schnell klassische Vertriebssysteme mit einem kriminellen Schneeballsystem. Sie sind kaum in der Lage, den Unterschied zwischen diesen grundsätzlich verschiedenen Systemen, die auch in keinem direkten Zusammenhang stehen, zu erklären. Denn es gibt tatsächlich einen sehr großen Unterschied, der ganz klar zum Ausdruck bringt, warum das eine System legal und das andere illegal ist. Deshalb möchte ich an dieser Stelle zunächst erklären, was ein Schneeballsystem ist und wie es funktioniert. Sie werden dann schon sehen, dass eine Tätigkeit in einem seriösen Vertriebsunternehmen nichts, aber wirklich gar nichts mit einem Schneeballsystem zu tun hat.

Ein Schneeballsystem ist ein betrügerisches System, das am Ende nur Verlierer kennt. Deshalb sprechen die Gerichte immer wieder von Betrug, weil die Initiatoren von Anfang an wissen, dass nur sie viel Geld verdienen werden und andere leer ausgehen. Das erfüllt den Tatbestand des Betruges. Damit das System möglichst lange überlebt, benötigen die Teilnehmer einen nie versiegenden Strom von Mitspielern. Die Teilnehmer geben Geld an ihre Anwerber weiter und werben neue Teilnehmer an, die wiederum ihnen Geld geben sollen. Aus kleinen Anfängen entsteht so ein Schneeballsystem. Es heißt so, weil die Struktur einem kleinen Schneeball ähnelt, der den Berghang herunterrollt und so immer größer wird. Oft wird ein Schneeballsystem auch Pyramidenspiel genannt, weil der Aufbau der Struktur einer Pyramide ähnelt. An der Spitze der Pyramide steht die erste Person, die dann ihrerseits zehn Menschen anwirbt. Wenn nun jeder dieser zehn „neuen" Menschen zehn weitere Menschen anwirbt, entsteht darunter eine Struktur von weiteren 100 Personen, die ihrerseits auch je 10 Menschen anwerben, so dass dann bereits eine neue Unterstruktur von 1.000 Personen entsteht. Nach nur zehn (!) Ebenen ergibt sich in der zehnten Ebene eine Zahl, die größer ist als Menschen auf dieser Erde leben:

1
10
100
1000
10000
100000
1000000
10000000
100000000

Hier wird „abgezockt". Die Initiatoren verdienen am meisten.

1000000000
10000000000

Hier bleiben die Menschen auf der Strecke, keiner verdient mehr.

Auf diesem Planeten gibt es mehr als 6 Milliarden Menschen. Nehmen wir an, alle würden an diesem Schneeballsystem teilnehmen, dann wären in der untersten Ebene mehr als 90 Prozent der Menschheit versammelt. Somit kommen auf 500 Millionen Gewinner mehr als 5,6 Milliarden Verlierer. Jetzt sehen Sie, warum Schneeballsysteme illegal und aus meiner Sicht auch zu Recht verboten sind. Doch das System ist nicht illegal, wenn jemand Menschen anwirbt und diese wieder andere anwerben. Das ist noch alles in Ordnung. Es ist auch nicht verboten, anderen Menschen Geld zu schenken. Das System ist illegal und verboten, weil Menschen getäuscht werden, um an ihr Geld zu kommen. Juristisch gesehen ist das ausgemachter Betrug und damit zu Recht zu bestrafen.

Network-Marketing und Schneeballsysteme haben nichts gemeinsam und man sollte aufpassen, hier einen Zusammenhang zu konstruieren. Das haben die Menschen nicht verdient, die in einem Network-Marketing einen ehrlichen und guten Job machen. In einem Network-Marketing-System kauft der Partner direkt bei seiner Firma zu festgesetzten Einkaufspreisen. Je nach Umsatz seines Teams erhält er darüber hinaus Sonderprämien oder einen Bonus. Es ist das ganz normale kaufmännische Prinzip: „Ware gegen Geld" und nicht, wie in einem Schneeballsystem: „Versprechen gegen Geld".

Vielen Dank fürs Gespräch, aber ich will nichts weiterempfehlen

Das brauchen Sie auch nicht. Wichtig ist doch, dass Sie die Produkte selbst einsetzen, um die Leiden unserer Zeit zu reduzieren:

1. einfach stressfreier leben
2. Geld sparen durch Direkteinkauf beim Weltmarktführer
3. ohne Medikamente leben zu können

Aber ich bleibe dabei. Wenn Sie bereit sind, diese Produkte selbst zu konsumieren, dann spricht wirklich nichts auf der Welt dagegen, diese Produkte weiterzuempfehlen. Nennen Sie mir ein einziges Produkt auf dieser Welt, das Sie verkaufen und danach Monat für Monat eine lebenslange Rente erhalten. Diese Rente können Sie, so unglaublich es klingen mag, auch an Ihre Kinder vererben. Ich zeige Ihnen Menschen, die bei FLP Monat für Monat 10.000, 20.000 und noch mehr Euro verdienen und das mit einer einzigen Linie. Also nur einmal das Produkt an die richtige Person gebracht. Dieser erste Schritt kann unter Umständen mehrere Millionen wert sein. Ist ein solches Ergebnis es nicht wert, dafür den Preis zu zahlen und jedem, der nicht schnell genug auf den nächsten Baum kommt, von dem genialsten Geschäft auf diesem Planeten zu berichten? Und lassen Sie mich noch eines sagen. Wir sprechen die ganze Zeit über Gesundheit. Aus meiner Sicht ist auch das Geld ein Teil der Gesundheit, wie schon Goethe sagte: *„Ein gesunder Mensch ohne Geld ist ein halbkranker Mensch.“*

Begeisterung

„Es ist der Geist, der die Welt bewegt."

Antoine Saint-Exupery

Begeistert zu sein bedeutet, zu über 90 Prozent eine positive Einstellung zu haben. Wenn alles in Ihrem Leben stimmt, die Ehe funktioniert, es keinen Ärger mit den Kindern gibt und die Geschäfte blendend laufen, dann ist es leicht, begeistert zu sein! Aber wie sieht es bei Ihnen aus, wenn es Hindernisse auf dem geplanten Weg zum Erfolg gibt? Was passiert, wenn Sie sich in Ihrer Beziehung ernsthaft streiten? Was ist, wenn Ihre Umsätze mal rückläufig sind. Was ist, wenn Partner Ihres Teams plötzlich nicht mehr aktiv sind? Werden Sie es dann noch schaffen, wirklich begeistert zu sein? Wenn Sie diese Frage mit einem klaren „Ja" beantworten können, haben Sie meinen Respekt verdient. Herzlichen Glückwunsch, Sie sind auf dem richtigen Weg. Es ist ganz wichtig, dass Sie dauerhaft begeistert sind. Immer und immer wieder. Das ist einer der wichtigsten Gründe meines persönlichen Erfolges. Gerade in schwierigeren Zeiten gelang es mir durchzuhalten, mich selbst zu motivieren und mich selbst zu begeistern. So unglaublich es auch klingen mag, aber manchmal klappte die Begeisterung in schlechteren Zeiten besser als in den Zeiten, wo alles sprichwörtlich wie am Schnürchen lief. Schlechte Zeiten weckten meinen sportlichen Ehrgeiz, es den anderen jetzt erst recht zu beweisen. Ihre Fähigkeit, sich mit negativen Dingen und Geschehnissen auseinanderzusetzen, sich davon zu befreien und weiterzumachen, ist entscheidend, ob Sie erfolgreich sind oder nicht. Zu über neunzig Prozent bedeutet erfolgreich zu sein bzw. Erfolg zu haben, begeistert zu sein - selbst wenn man sich nicht begeistert fühlt!

Die meisten Menschen schaffen es 2 oder 3 Monate, begeistert zu sein. Einigen Menschen gelingt es, sich dauerhaft für 2 oder 3 Jahre zu begeistern, aber ein wirklicher Gewinner schafft es, 20, 30 oder

40 Jahre lang begeistert zu sein, auf jeden Fall so lange, wie er braucht, um zu gewinnen! Nur wenn Sie selber brennen, können Sie andere Menschen für etwas entzünden. Entweder für eine Idee oder auch für sich. Seien wir doch einmal ehrlich. Suchen Sie die Gesellschaft von langweiligen, enttäuschten, negativen und frustrierten Menschen? Niemals, oder? Diese Leute versprühen nämlich eine derart negative Aura, die auch Sie herunterziehen wird. Selbst in Telefonaten mit negativ denkenden Menschen spürt man förmlich deren negative „Ausstrahlung". Wenn ich mit diesen Menschen telefoniere, merke ich sofort, dass dieses kein gutes Gespräch ist. Diese Menschen nenne ich „Energiesauger", weil sie einem die Energie rauben. Sie haben sicher eine Vorstellung, wie anstrengend diese Gespräche verlaufen. Ich bin dann selbst „geschafft", sodass ich nach einem negativen Gespräch sofort einige meiner topmotivierten Führungskräfte anrufe, von denen ich weiß, dass sie ebenfalls eine ungeheure Portion Eigenmotivation besitzen. Diese Gespräche sind mir sehr wichtig, denn sie geben sprichwörtlich verbrauchte Energie zurück. Diese Gespräche beginne ich in der Regel wie folgt: *„Hey Erich, mein Freund. Wie geht es Dir?"* Und dann legt Erich los. Es folgen drei begeisternde Minuten mit vielen Versionen, wie z. B. Daten über den aktuellen Geschäftsablauf. In diesen drei Minuten höre ich nur zu. Es bleibt mir auch keine andere Wahl. Denn bevor ich auch nur einmal zu Wort komme, ist mein persönlicher Motivationsspeicher bereits wieder bei 110 Prozent angekommen! So wie es mir nach diesen Gesprächen ergeht, so ergeht es auch anderen Menschen, die motivierende, lebensbejahende und positiv denkende Menschen kontaktieren. Das liegt doch auf der Hand, denn kein Mensch lässt sich von einem unmotivierten langweiligen Vorgesetzten motivieren oder leiten.

Aber: Wer begeisterungsfähig ist, zieht andere Menschen wie ein Magnet an. In unserem AVA-Team von Forever Living Products haben sich im Laufe der letzten Monate und Jahre einige dieser ganz starken „Motivationsmagneten" zusammengefunden. Die Führungscrew unseres Teams, die übrigens tagtäglich um weitere tolle, motivierte Menschen erweitert wird, wächst stetig und befindet sich auf einem unglaublich hohen Motivationslevel. Diese Begeisterung ist derartig ansteckend, dass ich es selber manchmal kaum glauben kann. Besuchen Sie einfach einmal eine Managerakademie unseres Teams und erleben Sie ein 2-Tages-Seminar. Dann werden Sie verstehen, was ich meine. Hunderte von Emails erreichen mich nach jedem dieser Seminare. Ich lese sie alle persönlich und freue mich wie ein kleines Kind über die Emotionen, die wir in unseren Partnern geweckt haben. Der Mut und das Selbstvertrauen, das wir den Menschen geben, ist auch für mich wie ein Lebenselixier. Es ist schön anzusehen, wie sich die Persönlichkeit der Menschen verändert. Introvertierte Menschen treten plötzlich mit einer riesigen Begeisterung vor hunderte von Menschen und bringen ihre Begeisterung für unsere Produkte und unser geniales Geschäftskonzept zum Ausdruck. Menschen, die mit einem Schlag über einen gewaltigen Freundes- und Bekanntenkreis verfügen, den sie früher nie hatten. Menschen, die am Samstagabend eine Partystimmung erleben, die sie so zuvor noch nie gesehen haben. Menschen, die plötzlich ihre „Berufung" finden. So wie ich. Ich fühle mich einfach dazu berufen, anderen Menschen zu helfen, indem ich ihnen zeige, wie sie zur echten persönlichen Begeisterung fähig sind. Ich helfe auch bei der Gründung des eigenen Geschäfts. Ich zeige ihnen, wie sie langsam, aber sicher ein eigenes Team aufstellen und mit Forever Living Products eine Zukunft für die nächsten 10, 20 oder 30 Jahre aufbauen können. Mein Ziel ist die Zufriedenheit meiner Partner. Auch Sie möchte ich unterstützen. Dabei ist es mir ganz egal, ob Sie das Ziel haben, 300 oder 500 Euro nebenbei zu verdienen, Sie sind in unserem Team jederzeit herzlich willkommen. Noch mehr freuen wir uns, wenn Sie 3, 4 oder 5.000 € monatlich verdienen möchten. Auch heißen wir Sie ganz herzlich willkommen, wenn Sie sich zunächst nur ein zweites Standbein aufbauen möchten. So haben Sie später die Möglichkeit, risikolos hauptberuflich in unserem Team zu arbeiten.

Seien Sie für 3, 4 oder 5 Jahre bereit, mit uns gemeinsam Vollgas zu geben, um ein Imperium mit aufzubauen. Etwas Vergleichbares hat es in der Network-Welt noch nicht gegeben. Ganz egal, wie Ihre Ziele auch sind, Sie werden in unserem Team die Unterstützung und Ausbildung erhalten, die Sie brauchen, um Ihre Ziele zu erreichen.

Begeisterung

„Wenn du begeisterungsfähig bist, kannst du alles schaffen. Begeisterung ist die Hefe, die deine Hoffnung himmelwärts treibt. Begeisterung ist das Blitzen in deinen Augen, der Schwung deines Schrittes, der Griff deiner Hand, die unwiderstehliche Willenskraft und Energie zur Ausführung deiner Ideen. Begeisterte sind Kämpfer. Sie haben Seelenkräfte. Sie besitzen Standfestigkeit. Begeisterung ist die Grundlage allen Fortschritts. Mit ihr gelingen Leistungen, ohne sie höchstens Ausreden."

Henry Ford

Führen

„Der einzige Weg, Menschen zu motivieren, ist, mit ihnen zu kommunizieren.“

Lee Iacocca

Führen durch Vormachen

Eine der wichtigsten Grundregeln, die ich im Network-Marketing gelernt habe, ist die Tatsache, dass die Menschen immer nur das tun, was ich tue, aber niemals das, was ich ihnen sage. Ein Spruch, den ich einmal auf einer Toilettenwand las, brachte es auf den Punkt:

„Höre endlich auf, deine Kinder zu erziehen, sie tun eh nur das, was du tust!“

Das heißt doch, dass Sie Ihren Kindern nicht erzählen können, dass sie mit dem Rauchen gar nicht erst anfangen sollen, wenn Sie selber tagtäglich mit der Zigarette vor ihnen herumlaufen!

Ich wundere mich immer wieder, wenn mich Führungskräfte permanent nach meinem Geheimrezept fragen. Immer wieder wollen sie wissen, warum ich denn mehr Erfolg habe als andere. Ich brauche diese Frager doch nur zu beobachten. Diese so genannten Führungskräfte „schlabbern“ unmotiviert durch die Gegend, nörgeln an jedem und allem herum und sind nicht bereit, volle Leistung zu bringen. Ich frage mich dann immer wieder: Wieso beobachten diese Menschen nicht einfach, was ich tue? Wie gehe ich in den Tag? Wie beantworte ich Fragen? Wie begeistert bin ich? Wie „zünde“ ich andere Menschen für meine Idee…? Die Antworten auf diese Fragen würden jeder Führungskraft die Augen öffnen und dem Erfolg sprichwörtlich Tor und Tür öffnen. Natürlich findet man mich auch auf jeder Managerakademie oder in unseren 2-Tages-Seminaren. Doch warum gehe ich mit einem Monatseinkommen von rund

100.000 Euro noch immer auf jedes dieser Seminare? Andere gehen doch auch nur auf jedes zweite oder dritte Seminar. Die Antwort ist klar und eindeutig: Weil ich mein Geschäft vorlebe! Wer so erfolgreich sein will wie ich oder noch erfolgreicher, muss doch einfach nur genau das tun, was ich tue. Auch ich habe mir diese „Grundeinstellungen" von anderen erfolgreichen Menschen abgeguckt.

Wenn Sie möchten, dass Ihre Downline-Partner die Produkte benutzen, dann müssen Sie erst einmal selber die Produkte benutzen! Wenn Sie möchten, dass Ihre Downline-Partner neue Interessenten kontaktieren, dann kontaktieren Sie erst einmal selber neue Interessenten! Wenn Sie wollen, dass Ihre Partner auf die Geschäftspräsentationen kommen, dann müssen Sie dort erscheinen. Wenn Sie wollen, dass Ihre Partner Gäste auf die Geschäftspräsentationen mitbringen, dann müssen Sie neue Gäste dabei haben! Wenn Sie möchten, dass Ihre Partner neue Partner sponsern, dann müssen Sie es erst einmal tun! Wenn Sie möchten, dass Ihre Partner für zwei Tage auf die Managerakademie fahren, dann müssen auch Sie dort sein. Kurzum: Sie müssen es vorleben!

Gestatten Sie mir an dieser Stelle eine Metapher ☺:

„Monkey see - Monkey do!"

Zu deutsch: Was der Affe sieht, das tut er auch! Also, wie können Sie von Ihren Partnern Dinge verlangen, die Sie selber nicht bereit sind zu tun?

Ich erinnere mich noch sehr gut an meine Bundeswehrzeit, wo ich als Ausbilder junge Rekruten ausbilden sollte. Ich hörte, wie ein Vorgesetzter große Probleme bekam, weil er im Gelände seine Rekruten so sehr gescheucht hatte, dass einer von ihnen vor Erschöpfung fast ohnmächtig geworden war. Um mich vor den disziplinarischen Konsequenzen in einem solchen Fall zu schützen, handelte ich am nächsten Geländetag anders. Ich machte es meinen eigenen Rekruten vor, was sie zu tun hatten. Wenn ich wollte, dass die Rekruten unter der ABC-Schutzmaske durch das Gelände robben sollten, setzte ich mir meine eigene Maske auf und robbte vorneweg. Ich marschierte durch kniehohen Schlamm, immer meiner Truppe voraus. Keiner meiner Männer meckerte mehr, so wie sie es vorher immer taten. Ohne es darauf angelegt zu haben erhielt ich dafür von meiner Gruppe eine enorme Anerkennung. Die Männer waren bereit, mir ohne zu murren überall hin zu folgen, denn ich machte es ja vor! Die Botschaft war doch klar: Wenn der Unteroffizier das macht, na dann los, dann machen wir es auch. Dann schaffen wir das auch! Ich habe in dieser Zeit sehr viel über Menschenführung gelernt. Ich habe gelernt, wie Menschen auf Druck reagieren. Oder wie Menschen mit Befehl und Gehorsam umgehen. All diese Menschen werden niemals selber motiviert zur Tat schreiten, weil es befohlen oder verlangt wird. Erst wenn Sie es ihnen vormachen, erlischt jede Diskussion.

Gute Führungskräfte sind Vorbilder, Vorbilder in vielen Situationen. Deshalb:

- Seien Sie positiver als andere!
- Seien Sie begeisterter als andere!
- Seien Sie fleißiger als andere!
- Seien Sie pünktlicher als andere!
- Seien Sie strebsamer als andere!
- Seien Sie willensstärker als andere!
- Seien Sie zielorientierter als andere!
- Denken Sie größer als andere!
- Sponsorn Sie mehr als andere!
- Seien Sie gepflegter als andere!
- Loben Sie mehr als andere!
- Seien Sie ansprechbarer als andere!
- Seien Sie erfolgreicher als andere!

… und

bleiben Sie auf dem Boden!

Dann werden Sie:

- Mehr Spaß haben als andere!
- Mehr Geld haben als andere!
- Schönere Autos fahren als andere!
- Schönere Häuser bewohnen als andere!
- Tollere Urlaube erleben als andere!
- Glücklicher sein als andere!
- Mehr Anerkennung erfahren als andere!
- Freier leben als andere!

Seien Sie einfach so, wie andere gern sein möchten! Dann werden Sie andere Menschen magisch anziehen wie ein Magnet. Denn Menschen suchen die Nähe von anderen Menschen, die obige Eigenschaften besitzen! Menschen lieben erfolgreiche Menschen.

Erfolgsstorys

Ganz im Sinne von Goethe:

> *„Sag es mir und ich werde es vergessen; zeige es mir und ich werde es vielleicht behalten; lasse mich es tun und ich werde es können"*

möchte ich Ihnen nun einige ausgewählte Partner vorstellen, die es geschafft haben, mit FLP nach vorne zu kommen. Ich bedaure sehr, dass ich kein Buch mit mehreren tausend Seiten geschrieben habe, denn dann hätte ich wirklich jeden Partner einzeln vorstellen können. Die, die hier nun nicht genannt werden, mögen es mir nachsehen. Ich weiß, dass Sie alle einen guten Job machen. Die Seitenanzahl ist knapp, und so habe ich mich für einige Personen entscheiden müssen.

> *„Der wahrhaft Edle predigt nicht, was er tut, bevor er nicht getan hat, was er predigt."*
>
> *Konfuzius*

Gabriela Häußner

Ich bin allein erziehende Mutter meines sechsjährigen Sohnes Adrian. Durch feste Schul- und davor feste Hortzeiten gibt bzw. gab es nur wenige Möglichkeiten für eine Karriere. Meine finanzielle Situation sah damals alles andere als rosig aus, und ich hatte nicht das Gefühl, dass sich noch einmal ein „Highlight" in meinem Leben einstellen würde. Etwa zu dieser Zeit entdeckte ich über Jörg Wittke und das AVA-Team Forever Living Products. Ich erkannte darin sofort die Chance, als allein erziehende Mutter, ohne Vorfinanzierung und ohne Risiko, zu einem passiven Einkommen zu gelangen. Ich ergriff die Möglichkeit, ohne auch nur den geringsten Zweifel daran zu haben, dass ich erfolgreich sein würde. Ich besuchte die Meetings und mir war sofort klar:

„Wenn die das geschafft hat, dann kann ich es auch."

Bereits nach 4 ½ Wochen wurde ich Managerin und mittlerweile habe ich ein fünfstelliges passives Monatseinkommen. Tendenz steigend. Natürlich habe ich auch einiges dafür getan. So habe ich die letzten zwei Jahre viel gearbeitet, obwohl es mir manchmal lächerlich vorkommt, von Arbeit zu sprechen. Was ich hier tue, ist alles andere als Arbeit. Denn ich treffe mich mit netten Menschen, helfe ihnen, ihre Ziele zu erreichen, und es macht mir unglaubliche Freude zu sehen, wie die Saat aufgeht. Mit Freude beobachte ich die Entwicklung vieler Menschen. Mütter mit Kindern, die sonst keinerlei berufliche Chancen hätten. Rentner, die schon nach kurzer Zeit verantwortungsbewusste Führungskräfte werden. Oder auch Topmanager, die durch die derzeitige Wirtschaftslage wieder einen Weg gefunden haben, ihre Familien zu ernähren. Selbst resignierte Menschen finden zu ihrer alten Lebenseinstellung zurück, sowie sie bereit waren, durch Bücher, Kassetten und Gespräche an sich zu arbeiten.

Irene und Dieter Lux

„Als wir des Suchens müde waren, erlernten wir das Finden." Wir, das sind die Lux(e), nämlich Irene (47 Jahre), seit drei Jahrzehnten als Angestellte in einer Wirtschaftsprüfungskanzlei tätig, und Dieter (46 Jahre), seit fast 20 Jahren Unternehmer mit allen Höhen und Tiefen dieses beruflichen Daseins. Ende Oktober 2002 haben wir uns nach äußerst kritischer Marktbeobachtung und Prüfung der Firma Forever Living Products dazu entschieden, mit diesem Vorzeigeunternehmen der Branche zunächst für ein paar Stunden wöchentlich zu arbeiten. Wir verfolgten schon lange den Traum, in unserem Berufsleben noch etwas ganz Außergewöhnliches, etwas Großes, Geniales und Krisensicheres zu initiieren.

Begeistert von den Produkten dieser Firma und lichterloh brennend für diese Geschäftsidee sind wir heute, nachdem wir nach nur dreieinhalb Monaten mit der Unterstützung vieler lieber Kolleginnen und Kollegen bereits die höchste Position in diesem Unternehmen erreicht haben, dementsprechend vergütet worden (erstes nebenberufliches Geschäftsjahr ca. 35.000 Euro), und nachdem wir den Grundstein für eine internationale Unternehmensplattform gelegt haben, sind wir derart infiziert, dass wir lauthals der Welt und allen noch Suchenden verkünden: „Nichts und niemand kann uns aufhalten auf unserem Weg zu mehr Menschlichkeit, mehr Gesundheit, mehr Lebensqualität, zu absoluter finanzieller Freiheit und Wohlstand". Das Schönste für uns ist, dass in den nächsten drei bis fünf Jahren unsere Träume definitiv Wirklichkeit werden. Wir haben das beste Konzept und einen Partnerkonzern, der auf dem Weg ist, das größte und erfolgreichste Unternehmen der Welt in seiner Branche zu sein. Wir werden unseren Beitrag dazu leisten.

Edith Rosowski

In bin 51 Jahre jung und habe drei erwachsene Kinder und drei Enkelkinder. Neunzehn Jahre erzog ich meine Kinder allein. Seit 1981 arbeitete ich erfolgreich im Versicherungsbereich verschiedener Generalagenturen namhafter Unternehmen. In den 90iger Jahren begannen die Versicherungen zu fusionieren. Ich wechselte in dieser Zeit innerhalb von 36 Monaten dreimal den Arbeitgeber, ohne dass ich etwas dagegen hätte tun können. Das ergab sich aus der Fusion. Diese Wechsel zogen verschiedene Dinge nach sich. Plötzlich hatte man es mit neuen Vorgesetzten zu tun, die Provisionsstaffeln, die man sich bis dahin erarbeitet hatte, änderten sich oder waren komplett hinfällig. Am Ende kehrte Unzufriedenheit ein. Druck und Stress waren an der Tagesordnung. Also studierte ich täglich die Stellenanzeigen und dort las ich am 3. August 2002 folgende Zeilen: „Neu!!! Der beste Job der Welt. Weltmarktführer expandiert (80 % Nachbestellquote durch Produkte mit Weltpatent)! Kostenlose Fernseh- und Zeitungswerbung. 3-5 Std. wöchentlich. 1500 Euro und mehr. Kein Risiko. 24-Stunden-Infoband ..." Ich las die Anzeige zweimal und rechnete mir aus, was ich dort verdienen könnte, wenn ich zehn oder zwanzig Stunden in der Woche investierte. 80 % Nachbestellungsquote? Das war eine gewaltige Summe. Bisher hatte bei mir noch nie jemand eine Versicherung oder eine Immobilie nachbestellt. Dann war sogar die Werbung umsonst. Großartig, wenn man bedenkt, was Werbung eigentlich kostet. Also hinterließ ich meinen Namen und meine Anschrift auf dem Anrufbeantworter von Jörg Wittke. Nur zwölf Stunden später fand ich postwendend eine Einladung zu einer Geschäftspräsentation in meinem Briefkaten. „Na endlich mal eine schnelle Firma", dachte ich mir. Wenige Tage später fuhr ich nach Dortmund zur Geschäftspräsentation, an der zahlreiche Menschen teilnahmen. Ich schaute mich um und entdeckte aufgestellte Getränke und Pflegeprodukte. In diesem Moment dachte ich nur, das kann alles gar nicht sein und du wirst im Alter noch Kosmetikvertreterin. Wahrscheinlich sogar noch von Haus zu Haus gehend. Ich wollte gehen, doch Gott sei Dank hielt mich Jörg Wittke mit stichhaltigen Argumenten auf und ich entschied, zu bleiben. Dafür möchte ich mich an dieser Stelle nochmals bei Jörg Wittke bedanken. Noch während der Präsentation wurde mir klar, dass dieser Mann das richtige Unternehmen hatte. Ich sah hier eine Chance für mich, wenn auch ich in sein Team einsteigen würde. Gesagt getan und dann ging alles wirklich sehr schnell. Schon nach 14 Tagen hielt ich meinen ersten Scheck über 461 Euro in den Händen. Eigentlich hatte ich nur 17 Menschen über die Produkte und die Geschäftsmöglichkeit informiert. Sie alle waren begeistert und taten danach dasselbe wie ich: Menschen zu informieren. So waren wir nach 14 Tagen schon 52 Teammitglieder. Auf der nächsten Abrechnung stand schon Manager. Mit diesem Ergebnis war ich super zufrieden. Auch hier nochmals einen großen Dank an alle Teammitglieder. Nach dreieinhalb Monaten qualifizierte ich mich für das Autoprogramm. Es standen somit 400 Euro mehr auf der Abrechnung und das für die nächsten 36 Monate. Innerhalb der ersten fünf Monate stieg mein Einkommen von 461 Euro auf 6.033 Euro. Mit der Zeit erzielte ich ein stabiles und wachsendes Einkommen. Ich bin mit mir und meinem Leben sehr zufrieden. Wenn ich einmal krank werden sollte, nimmt mir keiner mein Einkommen weg. Ich bin nicht abhängig von Neuverträgen wie bei Versicherungen. Eine wunderbare Reise nach Budapest gab es sogar noch oben drauf. Eine Traumreise auf Firmenkosten nach Amerika ist fest gebucht. Alles, was ich auf der ersten Präsentation gehört hatte, entsprach der Wahrheit. Es gibt ihn wirklich, den besten Job der Welt. Das Schönste daran ist es, anderen Menschen zu einer besseren Gesundheit zu verhelfen und jedem eine neue berufliche Chance zu geben. Egal wie alt man ist oder welche Ausbildung man hat. Mit FLP ist der Erfolg sicher.

Simona Irrgang und Peter Hinderer

Wir, Simona Irrgang und Peter Hinderer, sind beide 38 Jahre alt. Es war im Januar 2003 und vielleicht ein glücklicher Zufall, als Jörg Wittke in unser ziemlich bescheidenes Unternehmerleben trat. Ich, Simona, war zu dieser Zeit sehr erfolgreich in einem Finanzunternehmen tätig. Allerdings war es finanziell etwas eng, weil ein mir zustehender Betrag nicht ausgezahlt wurde. Das war nichts Ungewöhnliches. Denn die meiste Zeit in meinem Leben habe ich es mit verschiedenen Arten von Selbstständigkeit versucht und bin durch viele Höhen und Tiefen gegangen. Auch finanziell. Mein Partner Peter hielt sich mit einem Fahrradladen und viel Arbeit 12 Jahre tapfer über Wasser. Heute ist alles anders. Im Februar 2003 haben wir durch Jörg Wittke Forever Living Products und das Konzept des AVA-Teams kennen gelernt. Sofort war ich Feuer und Flamme und wusste, dies ist meine sichere Zukunft. Ich wurde von „guten" Freunden und der Familie oft belächelt. Bereits Anfang Mai wurde ich Manager bei FLP und erhielt einen Scheck von 5.347 Euro. Nach nur 3 Monaten mit einer Selbstständigkeit ohne Kapitalbindung und ohne jedes Risiko. Für mich war das ein überwältigendes Ergebnis. Nur der eigene Fleiß, das Durchhaltevermögen und die Energie zählen in diesem Geschäft. Meine Begeisterung war nicht mehr zu bremsen. Das überzeugte selbst meinen Peter. Er sah jetzt auch eine Zukunft in diesem Geschäft. Inzwischen werde ich von ihm zu einhundert Prozent unterstützt. Wir telefonieren, versenden Infobriefe, sprechen auf Präsentationen und nutzen jede freie Zeit für neue Kontakte. Ja sicher, wir haben vieles falsch gemacht. Doch es ist so, dass wir unser Geld dafür erhalten, es immer und immer wieder zu tun, so lange, bis es klappt. Unser achter Monatsscheck wies dann schon satte 10.700 Euro auf. Inzwischen können wir einem fantastischen Team dieselben Möglichkeiten zur finanziellen Unabhängigkeit bieten. Deshalb werden es immer mehr Partner. Uns gefällt einiges an diesem tollen Geschäft. So können wir unsere Partner, mit denen wir zusammenarbeiten wollen, selber aussuchen. Dadurch entsteht ein wunderbares Team mit Menschen, die im Leben mehr erreichen wollen. Wir haben viel Spaß am Leben und freuen uns jeden Tag auf unsere gemeinsamen Ergebnisse. Mit unserer Ausbildungsstrategie zeigen wir unseren Partnern, wie genial das System funktioniert und wie jeder die Chance auf seine finanzielle Unabhängigkeit hat. Unsere Managerakademie zeigt allen, die offen sind für die eigene Freiheit, den richtigen Weg. Danke Forever Living Products und dem AVA-Team. Danke Jörg Wittke.

„Beginnen ist Stärke, Vollenden ist Kraft."

Karl Heinz Mülhöfer

Vor meiner Tätigkeit bei FLP arbeitete ich sechs Jahre lang als IT-Vertriebsleiter bei einem Kölner Unternehmen. Im Februar 2002 rief mich ein Bekannter aus Koblenz an und erzählte mir von einer genialen Geschäftsidee. Er lud mich zu einer Präsentation ein. Ich stellte ihm die Bedingung, dass ich nur kommen würde, wenn ich dort eine Person kennen lernen würde, die mit diesem Geschäft bereits Erfolg hatte. So traf ich auf Jörg Wittke, der mich mit seiner unnachahmlichen Art und seinem Fachwissen (über Network-Marketing) für das Geschäft begeistern konnte. Ich stieg nebenberuflich mit 10 VE ein, verbunden mit der Hoffnung, nebenberuflich ca. 500 Euro im Monat zu erwirtschaften. Ich wurde aber eines Besseren belehrt. Denn innerhalb der ersten zwölf Monate gewann ich alle fünf Incentives bei FLP. Nach sechs Wochen war ich bereits Manager und nach zehn Wochen Senior Manager. Schon mit dem dritten Scheck erhielt ich einen Betrag von 3.850 Euro. Der zwölfte Scheck wurde schon auf 15.183 Euro ausgestellt. Nach 12 Monaten erhielt ich das Car-Programm 3 mit 800 Euro. Beim Profit Sharing, nach nur 8 Monaten Tätigkeit bei FLP, belegte ich Platz 70 mit 5.080 Euro. Ich gewann eine Reise in die USA im Wert von 8.000 Euro. Im zweiten Jahr bei FLP, also 2003, belegte ich beim Profit Sharing bereits Platz 21 mit 20.316 Euro. Mein Ziel für 2004 ist, Sapphire Manager zu werden.

Ungeachtet des finanziellen Erfolges hat mein Leben eine viel höhere Qualität. Ich verfüge heute über mehr Freizeit, habe die besten Aufstiegschancen und sehr viel Spaß mit sehr netten Kollegen in der neu eingeführten Manager-Akademie.

Manfred F. K. Prinz von Preußen

Mein Name ist Manfred F. K. Prinz von Preußen. Ich bin 49 Jahre alt und wohne in Neuss. Dort unterhalte ich eine gleichnamige Wirtschaftsberatung, in der ich mit mehreren Mitarbeitern arbeite. Zuvor schloss ich meine Diplome zum Betriebswirt und Wirtschaftswissenschaftler ab, absolvierte danach eine Ausbildung zum Unternehmensberater. Seit mehr als 24 Jahren bin ich nunmehr selbstständig und gründete in dieser Zeit mehrere Firmen. Zum Jahresbeginn 2003 lernte ich durch den Verfasser dieses Buches Forever Living Products und Network-Marketing kennen. Ich war sofort gleichermaßen fasziniert von der hohen Produktqualität und der wirklich einzigartigen Geschäftsmöglichkeit. Die dahinter stehende Unternehmensphilosophie und die reellen Chancen für jedermann haben mich von Anfang an tief begeistert. Mein Start erfolgte sofort und schon der zweite Scheck betrug bereits 2.200,96 Euro. Nach nur neun Wochen wurde ich Manager. Im sechsten Monat folgte der Einstieg ins Car-Programm und mein Monatsscheck war auf mehr als 5.500 Euro ausgestellt, und das alles noch im Nebenjob. Seit dieser Zeit bin ich stolz darauf, in einem engagierten Team zu arbeiten und vielen begeisterten Menschen die Chance geben zu können, ihr Leben jetzt und im Alter finanziell abzusichern. Ich danke an dieser Stelle Jörg Wittke und natürlich auch Forever Living Products.

Mary Richarz

Am 2. November 2001 habe ich Jörg Wittke und durch ihn das Unternehmen Forever Living Products kennen gelernt. Die Empfehlung für dieses Geschäft erfolgte durch meinen Ehemann Alexander. Er hatte bereits im Vorfeld Kontakt zu dem „Ausnahmemanager" und Top-Networker aus Leidenschaft, Jörg Wittke. Zu dem Zeitpunkt stand ich an einem Wendepunkt in meinem Leben: Ich sollte von der Vorzeige-Ehefrau eines Top-Managers, Verkaufsdirektors und -trainers auf einmal selbst die Nummer eins einer Organisation werden. Doch ich erkannte sehr schnell, dass dieses Geschäft einfach phantastisch ist, und noch wichtiger: es ist leicht zu duplizieren. Mit ein wenig Mut bin ich dann sprichwörtlich ins kalte Wasser gesprungen. Im Gegensatz zu früher gemachten Erfahrungen gab es hier weder Mobbing noch „Dummhalten". Das Gegenteil war der Fall. Es gab und gibt Hilfe in jeder Form, wann immer sie gebraucht wird. Ich durfte Aufbau und Fortschritt des „AVA – Teams" miterleben und das Besondere, das Außergewöhnliche hier ist, dass jeder jedem hilft. So ein harmonisches Geschäftsleben habe ich bisher noch nicht kennen gelernt. Obwohl ich in einer eher strukturschwachen Umgebung in Nordhessen lebe, bin ich bereits im März 2002 Managerin geworden, und mein erster Monatsscheck betrug damals bereits 6.798,24 Euro.

Diesen Platz hier und heute nutze ich, um meinem Freund und Lehrmeister Jörg Wittke von Herzen für all das Wissen zu danken, das er mir vermittelt hat. Nach nunmehr über zwei Jahren bin ich stolz und glücklich, in dem Weltkonzern Forever Living Products eine Spitzenposition einnehmen zu dürfen.

Ursula und Wolfgang Thiem

Mein Name ist Ulla Thiem, ich bin Hausfrau und fünfzig Jahre jung. Mein Mann Wolfgang Thiem, 54 Jahre, arbeitet als Leasingberater im Außendienst. Wir haben drei Kinder. Seit August 2002 arbeiten wir beide nebenberuflich in diesem wunderbaren Geschäft. Unser erster Scheck betrug 143,19 Euro. Nach nur vier Monaten hatten wir die Stufe des Managers erreicht. Durch die außergewöhnliche Seminar- und Ausbildungsinfrastruktur des AVA-Teams war unser Start von Anfang an sehr erfolgreich. Deshalb konnten wir bereits im 11. Monat einen Scheck über 7.379,77 Euro in unseren Händen halten. Mit über 100 wöchentlichen Geschäftspräsentationen in Deutschland haben wir viele andere Menschen von unserem Konzept und den Produkten überzeugen können. Mein Mann war von der Perspektive, ein hohes Einkommen für uns aufzubauen, am meisten beeindruckt. Wir hatten uns schon immer ein solches Geschäft gewünscht. Deshalb möchten wir heute diese Chance noch vielen anderen Menschen bieten. Eine Chance, nicht nur um Geld zu verdienen, sondern auch vielen Menschen zu helfen, ihre Gesundheit und ihr Wohlbefinden zu fördern. Diese Kombination ist für uns der Schlüssel zum Erfolg. Zögern Sie nicht und treffen Sie heute Ihre Entscheidung für unser Geschäft.

Thomas Krings

Ich bin 1961 geboren, verheiratet und habe zwei Kinder. Nach meinem wirtschaftswissenschaftlichen Studium, welches ich als Diplom-Kaufmann beendete, übernahm ich das Unternehmen meiner Eltern. Dieses Unternehmen ist seit über 130 Jahren im Familienbesitz. Doch ich wollte nicht nur etwas erben, sondern etwas Eigenes aufbauen. Deshalb entschied ich mich, weitere Unternehmen in der gleichen Branche zu gründen. Im In- und Ausland. Nach 15 Jahren harter Arbeit hat sich dieses Vorhaben als großer Fehler erwiesen. Die Branche, in der ich sprichwörtlich zu Hause bin, entwickelte sich zu einer sterbenden Branche in Westeuropa. Somit waren meine Millioneninvestitionen erfolglos geworden.

Im Juni 2002 lernte ich Forever Living Products kennen. Zwei Monate später begann ich, das Geschäft ernst zu nehmen. Ich erreichte die Position des Managers nach sieben Wochen nebenberuflicher Tätigkeit. Ein Jahr später hatte ich bereits ein Monatseinkommen von 11.600 Euro und Level 3 im Car-Programm erzielt. Im Februar 2004 nahm ich am Profitsharing teil und erhielt einen Scheck von rund 7.900 Euro. Dieses Geschäft ist das fairste Geschäft, das ich jemals kennen gelernt habe. Nur wer fleißig und kontinuierlich arbeitet, wird garantiert fürstlich belohnt. Keine Investitionskosten, keine Inkassorisiken, kein Ärger mit Mitarbeitern und Kollegen und keine Probleme mit Banken. Das sind die Vorteile, die ich als konservativer Unternehmer an diesem Geschäft so schätze.

Birgit Kozicke

Als gelernte Justizangestellte am Amtsgericht war ich alles andere als glücklich über meine beruflichen Perspektiven. Im Alter von 41 Jahren lernten mein Mann Christian (35 Jahre) und ich Forever Living Products kennen. Ich wollte ursprünglich nur „ein bisschen" dazuverdienen. Doch die Entscheidung für FLP sollte unser Leben nachhaltig verändern. Schon nach einem Monat hatten wir die Position Manager erreicht. Durch kontinuierliche Arbeit entwickelte sich inzwischen ein Monatseinkommen von 10.000 Euro. Wir haben das Gefühl, dass das Leben erst jetzt so richtig begonnen hat. Dabei wissen wir, dass das erst der Anfang ist. Wir sind fasziniert von den Möglichkeiten und den Produkten, die Forever Living Products den Menschen weltweit bietet. Nämlich ohne finanzielles Risiko und gleichzeitig ohne Einkommenslimit im Teamwork ein internationales Geschäft aufzubauen. Wir sind dankbar dafür, anderen Menschen diese Chance weitergeben zu dürfen.

Erich Gutmann

Ich bin 43 Jahre alt und gelernter Einzelhandelskaufmann. 1983 eröffnete ich mein eigenes Sportgeschäft. Aufgrund stagnierender Umsätze konnte ich dieses Geschäft mit großem Glück verkaufen. Danach ging ich für einige Jahre nach Italien und in die Schweiz, um Vertriebsstrategien und –mechanismen kennen zu lernen. Seit dieser Zeit baue ich für namhafte Konzerne aus unterschiedlichsten Branchen Vertriebsorganisationen auf. Im Sommer 2003 startete ich nebenberuflich bei FLP. Bereits nach 39 Tagen hatte ich die Position des Managers erreicht. Mit meiner dritten Monatsabrechnung erhielt ich einen Betrag von 5.184,40 Euro. Die positive Entwicklung nahm ihren Lauf. Durch FLP habe ich mir ein so genanntes „passives Einkommen" aufgebaut, weil ich am Umsatz jeder Nachbestellung beteiligt bin. Nachweislich bestellen 80 Prozent meiner Partner dauerhaft.

Mich fasziniert vor allen Dingen der hohe Duplikationsfaktor und das damit verbundene Wachstum der Organisation, da das Geschäft durch den Aufbau des Konsumenten-Netzwerkes auf Selbstbestellerbasis auf typische Verkaufspraktiken verzichtet. Es ist somit für jedermann/frau umsetzbar. Der extrem hohe, absolut praxisbezogene Ausbildungsstandard durch unser bundesweites und länderübergreifendes Seminarnetzwerk hat Vorbildcharakter. Die Distributoren dürfen diese Seminare kostenlos nutzen. Ich habe alle wirklich großen Network-Marketing-Unternehmen, die am Markt sind, überprüft. Nur FLP ist das einzige Unternehmen, das mir die Sicherheit geben kann, die ich erwarte, wenn man über Jahre viel Kraft und Energie in den Aufbau eines Geschäftes investiert. Mit Jörg D. Wittke an der Spitze haben wir darüber hinaus den erfahrensten und erfolgreichsten Networker, den man sich nur wünschen kann. Mit FLP habe ich ein Unternehmen gefunden, das ein schier unerschöpfliches Potential bietet, national wie international.

Michéle Lange

Vor 15 Jahren lernte ich die „Network-Industrie" kennen und war von dieser Vertriebsform sofort begeistert. Ein Geschäft ohne Investitionen aufzubauen, bei freier Zeiteinteilung, und seine eigenen Visionen realisieren zu können, ohne von Weisungen anderer abhängig zu sein, davon hatte ich mein Leben lang geträumt. Ich startete damals mit einer Firma, die im Umweltbereich tätig war. Bei dieser Firma habe ich sprichwörtlich meine Lehre gemacht. Später erreichte ich eine Führungsposition in einer Firma für Modeschmuck. Im März 2002 lernte ich die Firma FLP kennen. Mit den Erfahrungen, die ich in den letzten Jahren gesammelt hatte, wusste ich, dass sich mit FLP alle Kriterien, die ich mir gewünscht hatte, erfüllen werden:

- eine solide, stabile und gut geführte Firma
- qualitativ hochwertige und konsumierbare Produkte im größten Zukunftsmarkt
- einen fairen und wirkungsvollen Vergütungsplan

Mit anderen Worten: Die Basis für einen dauerhaften Erfolg. In nur sieben Wochen erreichte ich den Status Manager. Mein vierter Scheck war bereits über einen Betrag von 5.179 Euro ausgestellt.

Ich habe in diesem wunderbaren Geschäft einige wichtige Lektionen für mein Leben gelernt:

- Ich nehme mein Leben aktiv in die Hand.

- Ich warte nicht mehr darauf, dass sich die Dinge bewegen, sondern ich lasse sie bewegen.

Bei allem, was ich heute tue, habe ich ein überzeugendes Selbstbild von mir. Die Art und Weise meines Denkens und Handelns prägt letztlich mein Selbstbild. Ich kann mich dieser Entwicklung gar nicht entziehen. Denn ich trage mein Selbstbild 24 Stunden am Tag in mir. Je positiver und überzeugter ich bin, desto einfacher und erfolgreicher verläuft mein Leben. Meine Selbstachtung, also die Achtung vor mir selbst, bestimmt entscheidend mein Selbstwertgefühl.

Ich kann Ihnen heute nur den Tipp geben, jetzt ein neues Leben zu starten. Starten Sie mit Schwung und Energie durch. Sie werden ein Leben im Überfluss haben. Dieses Leben haben Sie sich verdient. Vergessen Sie aber bei allem, was Sie tun, nie die Dankbarkeit. Wir sind nicht allein auf dieser Welt. Leben Sie, denn daraus ist das Leben gemacht, und es ist ohnehin zu kurz.

Günter Buch

Mein Name ist Günter Buch. Ich bin 1961 geboren und von Beruf gelernter Kaufmann. Seit meiner Bunderwehrzeit war ich davon überzeugt, nur in der Selbstständigkeit gutes Geld verdienen zu können. Ich habe aber sehr schnell feststellen müssen, dass Enthusiasmus und gute Ideen bei weitem nicht reichen, um auf dem Markt bestehen zu können. Meine verschiedenen Versuche, mich selbstständig zu machen, scheiterten meist am Verdrängungswettbewerb oder an der Zahlungsmoral meiner „Geschäftspartner". Schließlich war ich dermaßen frustriert, dass ich mich dazu entschloss, Tätowierer und Piercer zu werden. Diese Tätigkeit übte ich zwei Jahre aus, bis in meiner Stadt weitere Tätowierstudios eröffneten. Danach begann wieder die „übliche" Spirale, das Einkommen reduzierte sich zusehends, selbstredend bei steigenden Ausgaben, weil ich natürlich versuchte, meine Defizite durch Werbeaktionen zu kompensieren. Aber bei einem Verdrängungsmarkt gewinnt nur der Stärkere. Nachdem meine Reserven aufgebraucht waren, stand ich schlechter da als am Anfang. Dann habe ich endlich auf den Rat meines Freundes gehört und mich für eine Branche interessiert, von der ich nie etwas wissen wollte. Network-Marketing! Allein der Gedanke daran war schwierig für mich. Ich wusste nur soviel, dass ich nichts davon wissen wollte. Aber wo sonst konnte ich mich ohne Kosten selbstständig machen? Ich stellte sehr schnell fest, dass Network-Marketing zu Unrecht einen schlechten Ruf hat. Nach nunmehr zweieinhalb Jahren bin ich ein brennender Verfechter der Branche und kämpfe gerne an vorderster Front. Ich habe niemals ein ehrlicheres und menschenfreundlicheres System kennen gelernt als dieses. Klar, es war am Anfang sehr schwer für mich zu akzeptieren, dass andere ein echtes Interesse an meinem Erfolg haben. Bislang bin ich immer nur bekämpft worden, und nun kommen mir die guten Tipps kostenlos ins Haus geflattert! Den Haken in diesem System hatte ich schnell gefunden. Denn das war ich selber. Ich musste nur akzeptieren, dass Network-Marketing ein faires System ist und zulassen, dass andere meinen Erfolg wollen. Nachdem ich das verinnerlicht hatte, ging es sehr schnell bergauf. Die Einkommen waren beträchtlich. Schon nach „nur" 10 Monaten verdiente ich über 13.000 Euro monatlich. Und das, obwohl der erste Scheck bei etwas über 20 Euro lag. Ich habe die ersten zwei Jahre als Lehre betrachtet. Aber auch als Sprungbrett in eine finanzielle und vor allem menschliche Freiheit, die ich niemals für wirklich möglich gehalten habe. Meinem Freund Jörg Wittke bin ich für die Chance und vor allem für das Wissen, das er mir in dieser Zeit vermittelt hat, ewig zu tiefem Dank verpflichtet.

Das große Ziel

Wenn Sie sich entschieden haben, bei FLP Karriere zu machen, dann sollten Sie sich auf das ganz große Ziel konzentrieren und mit Vollgas durchstarten. Der Grund meines Erfolges liegt darin, dass ich mich für den Erfolg entschieden habe. Dadurch war es mir möglich, blitzartig schnell wachsende Network-Strukturen aufzubauen. Wer sich dagegen nur für ein bisschen Produktverkauf entscheidet, um nebenbei 500 Euro zu verdienen, wird nie wirklich das ganz große Geschäft machen. Das ist sehr schade, denn er bringt sich um die fantastischen Möglichkeiten, die FLP ihm bietet. Anhand meiner Aufzeichnungen dürften Sie nun erkannt haben, dass FLP die einzige Firma am Markt ist, die Ihnen alle Chancen bietet, die Sie für Ihre finanzielle Unabhängigkeit brauchen. Sie werden kein zweites Unternehmen finden, das Ihnen die gleichen Möglichkeiten bietet. Wenn Sie jetzt durchstarten, können Sie Ihren Erfolg nicht mehr verhindern. Denn FLP erfüllt die wichtigsten Kriterien für einen dauerhaften Erfolg:

1. Einzigartige Produkte
   = Dadurch sind Preise nicht unmittelbar vergleichbar

2. Konsumierbare Produkte
   = Erfolg kann nur ein System haben, das Produkte vertreibt, die permanent nachbestellt werden. Mit jeder Nachbestellung verdienen Sie

3. Einzigartiges Vertriebssystem
   = Einkaufsvorteile für den Besteller, weil er direkt beim Hersteller zum Fabrikeinkaufspreis einkaufen kann

4. Wachstumsmarkt
   = Der Markt für Wellness und Gesundheit wächst in den nächsten Jahren auf 1 Billion Dollar. Sie müssen einfach dabei sein.

5. Weltmarktführer
   = Sie arbeiten mit dem besten und größten Aloe Vera-Hersteller der Welt zusammen. 90 % des gesamten Aloe Vera Weltumsatzes werden durch FLP generiert. Das bedeutet, dass sich die anderen tausende von Aloe Vera-Firmen weltweit das restliche Umsatzvolumen von 10 % teilen.

6. Kein Verkauf
   = Sie müssen nicht verkaufen. Sie müssen nur begeistert sein und diese Begeisterung Ihren Bekannten, Verwandten und Freunden vermitteln können.

Wenn Sie nach vorne schauen, weder links noch rechts gucken, können Sie mit FLP ein Vermögen verdienen und sich eine lebenslange Rente sichern. Das bietet Ihnen kein anderes Unternehmen in dieser Form. Natürlich werden immer wieder neue Firmen auftauchen, die Ihnen das neueste und beste Produkt im Network-Vertrieb vorstellen wollen. Mit Sprüchen wie: „Das Geschäft der Superlative“, „Die beste Network-Idee aller Zeiten“, „Fangen Sie an, auch Sie werden ohne Arbeit reich“, sollen Sie dann geködert werden. Es gibt nur wenige Networker, die von sich behaupten können, Network in- und auswendig zu kennen. Ich zähle mich dazu. Sie haben in diesem Buch nachlesen können, was ich alles ausprobiert habe und worin die Gründe des Scheiterns lagen. Nach Jahren der Irrungen und Wirrungen habe ich jetzt endlich das Unternehmen gefunden, das als einziges wirkliche Sicherheit bietet. Das wird so schnell, wenn überhaupt, kein anderes Network-Unternehmen bieten können. Wer etwas anderes behauptet, soll es beweisen oder den Mund halten. Nirgendwo ist der Rasen grüner. In jedem Network-System ist die Hauptaufgabe, neue Menschen mit Network in Verbindung zu bringen. Das ist harte Arbeit. Deswegen wird der Erfolg im Network-Marketing auch so gut bezahlt. Versammeln Sie die Menschen um sich und zeigen Sie ihnen den Weg zur finanziellen Unabhängigkeit. Das ist Ihr Job und darin müssen Sie Profi werden. Wenn Sie das wollen, dann haben Sie schon gewonnen.

Der Schnellstart

„Die Arbeit hält drei große Übel fern: die Langeweile, das Laster und die Not."

Voltaire

Wenn ich von Vollgas spreche, dann meine ich auch Vollgas. So wie ein Pilot seinen Jumbojet nur in die Luft bekommt, wenn er auf volle Leistung setzt, so müssen auch Sie Vollgas geben, um ganz schnell nach ganz oben zu kommen. Nur ein bisschen Gas geben bringt gar nichts. Mit dieser Methode landen Sie im schlimmsten Fall im Bretterzaun am Ende der Runway. Haben Sie es aber einmal geschafft, durch Ihre anfänglichen Anstrengungen die Maschine in die Luft zu bringen, fliegt sie, solange der Treibstoff reicht. Dahin müssen Sie kommen. Sie müssen wie ein Adler fliegen und nicht mit den Hühnern im Dreck scharren. Nur von oben haben Sie alles im Griff. Aus der Froschperspektive werden Sie kaum dauerhaft Geschäfte machen.

Ihre erste Aufgabe im Network-Marketing ist deshalb, so schnell wie möglich so viele Menschen wie möglich einzusponsern. Nehmen wir an, Sie benötigen dreißig neue Partner, um davon drei in die Position des Managers zu bringen. Wie wird Ihre Motivation wohl aussehen, wenn Sie jeden Monat drei Leute einsponsern und die ersten fünf oder gar sieben Monate nichts in Ihrem Team passiert? Lesen Sie nochmals das Kapitel Begeisterung, um diese Frage zu beantworten. Oder aber Sie bewegen sich und bringen in den ersten 3 Monaten dreißig Leute ein. Dann unterwerfen Sie sich dem Gesetz der Zahl. Je mehr Menschen Sie ansprechen, desto größer ist die Chance, dass sich Menschen für Sie und FLP begeistern werden. Es gibt nur zwei Möglichkeiten, bei FLP nicht erfolgreich zu werden:

1. Sie fangen nie an!
2. Sie hören zu früh auf!

Besonders der 2. Punkt ist wichtig. Denn was machen die meisten, wenn in den ersten Monaten nichts passiert? Genau, sie hören wieder auf. Was machen Sie, wenn die ersten dreißig Personen, die Sie ins Geschäft gebracht haben, nicht wirklich durchstarten? Genau. Sie sponsern die nächsten dreißig Menschen. Winston Churchill hat auf seinem letzten, mit Spannung erwarteten Vortrag in einem Satz sein Erfolgsgeheimnis verraten:

„Gib nie, nie, nie auf."

Der ganze Vortrag bestand nur aus diesem einen Satz, der aber wirklich alles ausdrückt.

Bauen Sie das Thema FLP in Ihren Alltagsablauf ein. Kein Mensch erwartet von Ihnen, dass Sie Ihr gesamtes Leben umkrempeln. Das wird ganz allein passieren, sobald sich der Erfolg einstellt. Sie werden dann nicht mehr einen Skoda fahren, sondern Ihren Traumwagen mit der besten Ausstattung. Bis dahin aber sollten Sie immer und immer wieder über Ihr Unternehmen sprechen. Denken Sie daran. FLP und Sie sind ein Team. Sie sind Ihr eigener Chef und damit Ihr eigenes Unternehmen. Die Automobilindustrie gibt fast eine Milliarde Euro jährlich nur für Werbung aus. Werbung ist teuer, aber wichtig. Sie brauchen kein Geld in die Werbung investieren. Sie müssen nur reden, und das ist am einfachsten, wenn Sie mit Menschen über Ihr Geschäft sprechen. Jetzt und überall.

„Wer aufhört zu werben, um Geld zu sparen, kann ebenso seine Uhr anhalten, um Zeit zu sparen."

Henry Ford

So unglaublich es auch klingen mag, aber ich habe Menschen getroffen, die haben in der Woche nur mit zwei Menschen über ihr Geschäft gesprochen und meinten nun, sie hätten einen guten Job gemacht. Das ist lächerlich. Das Gesetz der Zahl ist knallhart. Es ist doch logisch, wenn ich nur mit zwei Menschen über mein Geschäft spreche und diese zwei Menschen kein Interesse haben, dann haben 100 Prozent der Menschen abgesagt. Das frustriert. Spreche ich mit dreißig Menschen und 28 Menschen sagen ab, dann liegt der Verlust bei nur 90 % und die Chance auf einen neuen Partner bei 10 Prozent. Spreche ich 100 Leute an und 80 sagen ab, dann beträgt mein Verlust nur noch 80 Prozent. Ich will mit diesen Zahlenspielereien nur beweisen, dass die Menge Ihrer Kontakte über die Höhe Ihrer Chancen entscheidet. Wenn Sie jeden Tag eine Stunde für das Geschäft einplanen und an nur fünf Tagen in der Woche jeden Tag mit sechs Leuten sprechen, also pro Kontakt zehn Minuten aufwenden, dann haben Sie bis zum Freitagabend mit 30 Leuten gesprochen. Das ist für einen Start sehr gut, und Sie werden sehen, dass aus dieser Menge einige interessierte Menschen hängen bleiben, die gern mit Ihnen und FLP zusammenarbeiten möchten. Sagen ist bekanntlich nicht Tun, und deshalb starten Sie durch und sprechen Sie schon morgen früh mit Ihrem Bäcker, dem Lehrer Ihrer Kinder und der Kollegin am Arbeitsplatz. Beim Tanken sprechen Sie mit dem vor Ihnen stehenden Autofahrer sowie der Kassiererin. Im Sonnenstudio sprechen Sie mit der netten Empfangsdame und abends am Kiosk mit dem Kioskbesitzer. Zählen Sie einmal durch, mit wie vielen Menschen Sie an diesem ersten Tag gesprochen haben, ohne auch nur etwas anderes zu tun als das, was Sie bisher getan haben.

Es ist wichtig, dass Sie an sich und Ihren Erfolg glauben. In dem Augenblick, wo Sie davon überzeugt sind, reich und stark zu sein (oder noch zu werden?), haben Sie gewonnen, und die Reaktion der Außenwelt folgt auf dem Fuße. Sie müssen es nur tun und nicht warten, bis es andere für Sie tun. Das funktioniert nicht. Es gibt eine 3000 Jahre alte chinesische Weisheit, die uns Folgendes lehrt:

> *„Wenn Du ein Land in Ordnung bringen willst, dann musst Du zuerst die Provinzen in Ordnung bringen. Wenn Du die Provinzen in Ordnung bringen willst, dann musst Du zuerst die Städte in Ordnung bringen. Wenn Du die Städte in Ordnung bringen willst, dann musst Du zuerst die Familien in Ordnung bringen. Wenn Du die Familien in Ordnung bringen willst, dann musst Du zuerst die eigene Familie in Ordnung bringen. Wenn Du die eigene Familie in Ordnung bringen willst, dann musst Du zuerst Dich in Ordnung bringen."*

Nachwort

„Der Worte sind genug gewechselt,
lasst mich auch endlich Taten sehen.“

Goethe

Das Wunderbare in unserem Leben ist die Freiheit, wählen zu dürfen. Damit meine ich nicht nur unsere demokratische Verpflichtung dem Land gegenüber. Ich meine vielmehr, dass Sie nun die Wahl haben, die Anregungen aus diesem Buch in Ihr Leben zu bringen oder aber so weiterzuleben wie bisher. Sie selbst werden jetzt erkennen, was wirklich wichtig für Sie ist. Nur Sie allein haben jetzt die Möglichkeit, das Richtige zu tun. Mein Beitrag war es, Ihnen die wunderbaren Möglichkeiten des Lebens aufzuzeigen, die auch Sie mit der richtigen Strategie anwenden können. Das ist besonders wichtig, denn niemand wird reich, nur weil er ein Buch besitzt. Reich wird der, der meine Regeln aus diesem Buch in seinem Leben anwendet. Auch Sie müssen es wirklich tun. Der Weg zum Erfolg beginnt immer auf der untersten Stufe, und Sie müssen bereit sein, nun Schritt für Schritt jede einzelne Stufe zu erklimmen. Dann können auch Sie Ihren Erfolg nicht verhindern. Bitte denken Sie daran, der Weg ist das Ziel. Sie haben meinen Ausführungen entnehmen können, dass auch bei mir nicht immer alles glatt lief. Es gab Tage und Wochen, in denen ich auf der Erfolgsleiter einige Schritte zurückgehen musste, aber das hielt mich nie davon ab, danach mit neuem Schwung und frischer Energie zwei, drei Stufen nach oben zu überspringen. Dieses wunderbare Gefühl, das sich dann einstellen wird, kann man nicht erklären. Alles was schön ist, lässt sich selten beschreiben. Sie müssen es selbst erleben, und das ist mein Wunsch an Sie. Erleben Sie es, und Sie werden das unglaublich schöne Gefühl von Geld, Erfolg und Lebensglück spüren.
In diesem Sinne wünsche ich Ihnen nun viel Erfolg beim Vermehren der gewonnenen Einsichten und einen guten Start in Ihre finanzielle Unabhängigkeit. Es grüsst Sie ganz herzlich

Ihr Jörg D. Wittke

Danksagung

„Dankbarkeit ist nicht nur die größte aller Tugenden, sondern auch die Mutter aller anderen."

Cicero (53 v. Chr.)

Ich danke allen, die mich auf dem Weg des Erfolges unterstützt haben. Mein besonderer Dank gilt meiner Frau Andrea und meinen Kindern, die bereit waren, zwei Jahre sehr viel auf ihren Mann und ihren Vater zu verzichten. Ich kann mich dafür heute erkenntlich zeigen, weil wir heute mehr Zeit miteinander verbringen als 90 Prozent der anderen Männer oder Väter. Darüber hinaus können wir uns heute Dinge leisten, die den meisten Menschen vorenthalten bleiben.

Ein besonderer Dank gebührt auch meinen Eltern. Die ethischen Grundwerte, die sie mir mühevoll anerzogen haben, haben mir auf dem Weg zum Erfolg sehr geholfen. Danke Papa – In anderen Bereichen hast Du die Masse begeistert. Du warst mein Vorbild. Einen Dank auch an meinen Sponsor Dietmar Reichle, der mich mit sehr viel „Fingerspitzengefühl" an dieses gigantische Geschäft geführt hat und damit mein Leben total verändert hat. Einen Dank an die Frankfurter Geschäftsleitung, Barbara und Friedhelm Rücker und an die gesamte Mitarbeitercrew von FLP. Ihr seid ein wirklich tolles Team. Mit Eurer Unterstützung macht Ihr uns unsere Arbeit leichter. Danke auch an den Gründer und Chairman Rex Maughan, der mit seinem Einsatz und seinen Visionen bis heute mehr als 7 Millionen unabhängigen Beratern eine neue Heimat gegeben hat.

Und einen speziellen Dank an all diejenigen, die mir bis heute ihr Vertrauen ausgesprochen haben. Danke an die Führungskräfte und an unser Team, die dafür sorgen, dass viele Millionen Menschen durch uns jetzt und für die Zukunft Gesundheit und finanzielle Unabhängigkeit erfahren werden.

Anmerkungen

Wenn Sie Fragen haben oder weitere Informationen wünschen, haben Sie die Chance, sich direkt an den Autor zu wenden:

Unternehmensgruppe Wittke
Siebenmorgenerstr. 9
53547 Dasbach

Tel. 02638-946260
Mobil: 0172-3003092

Email: joergwittke@aol.com

Den Verlag erreichen Sie wie folgt:

Moneylive ek
Medienverlag
Postfach 200353
26045 Oldenburg

Tel. 0441-6001704
Fax. 0441-608428

info@moneylive.de
www.moneylive.de